DEUX
CHARTES COMMUNALES

INÉDITES

LES LOIS DE CRÈVECŒUR ET DE CLARY

PUBLIÉES AVEC UNE NOTICE HISTORIQUE

SUR LA BARONNIE DE CRÈVECOEUR

PAR

Jules FINOT

ARCHIVISTE DU DÉPARTEMENT DU NORD

PARIS

L. LAROSE, ÉDITEUR

22, Rue Soufflot, 22

LILLE

G. LELEU, LIBRAIRE

11, Rue Neuve, 11

1894

DEUX

CHARTES COMMUNALES

INÉDITES

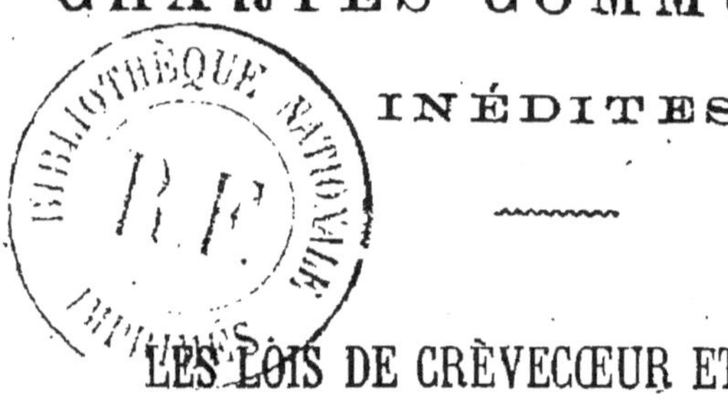

LES LOIS DE CRÈVECŒUR ET DE CLARY

Publiées avec une Notice historique

SUR LA BARONNIE DE CRÈVECOEUR

Extrait de la *Nouvelle Revue historique de droit français et étranger*

Septembre-Octobre 1894

DEUX
CHARTES COMMUNALES

INÉDITES

LES LOIS DE CRÈVECŒUR ET DE CLARY

PUBLIÉES AVEC UNE NOTICE HISTORIQUE

SUR LA BARONNIE DE CRÈVECOEUR

PAR

Jules FINOT

ARCHIVISTE DU DÉPARTEMENT DU NORD

PARIS

L. LAROSE, ÉDITEUR

22, Rue Soufflot, 22

LILLE

G. LELEU, LIBRAIRE

11, Rue Neuve, 11

1894

IMPRIMERIE
CONTANT-LAGUERRE

BAR-LE-DUC

DEUX CHARTES COMMUNALES

INÉDITES.

LES LOIS DE CRÈVECŒUR ET DE CLARY

AVEC UNE NOTICE HISTORIQUE

SUR LA BARONNIE DE CRÈVECOEUR.

Les Archives du Nord doivent à la libéralité du conseil général de s'être enrichies, il y a quatre ans, de l'importante collection de documents historiques concernant le Cambrésis, formée par feu M. Delattre, ancien receveur municipal à Cambrai. Elle comprend, en effet, le fonds considérable (58 portefeuilles ou registres) des titres et papiers de la baronnie de Crèvecœur et 151 portefeuilles ou registres relatifs à diverses communes du Cambrésis.

Parmi les documents les plus intéressants faisant partie de cette acquisition, il faut citer en première ligne : la loi de Crèvecœur, superbe pièce originale en latin, datée de 1219, bien conservée, mais ayant malheureusement perdu le sceau de Jean d'Oisy, châtelain de Cambrai, qui y était appendu, et la loi de Clary, titre en très mauvais état matériel, mais précieux néanmoins, car il remonte à 1240 et présente cette particularité d'être rédigé en langue vulgaire.

Ces deux lois communales sont inédites. M. Alcibiade Wilbert a bien donné dans son mémoire sur « la première loi de Crèvecœur et la transmission de la baronnie de ce nom » (1), une traduction, d'ailleurs défectueuse, de la première de ces lois; mais il a omis d'en publier le texte, lacune qui nous paraît mériter d'être comblée. Quant à la charte de Clary elle est restée jusqu'ici inconnue aux historiens du Cambrésis.

(1) Mémoires de la Société d'Emulation de Cambrai, tome XXIII, 2ᵉ partie. Cambrai, 1852, p. 171-195.

I.

ORIGINE DE CRÈVECŒUR. SES SEIGNEURS PRIMITIFS. OCCUPATION
DE CE CHATEAU PAR LA FRANCE À PARTIR DU XVIᵉ SIÈCLE.

Le village de Crèvecœur (canton de Marcoing, arrondissement
de Cambrai), situé non loin de la villa mérovingienne de Vincy,
est mentionné pour la première fois dans un titre du cartulaire
de l'abbaye d'Hasnon, sous la date de 1058 et sous le nom de
Crepicordio (1). Il apparaît ensuite sous les appellations de *Cre-*
picordio, en 1071 (2), en 1087 (3) et en 1096 (4); de *Crièvecúer*,
en 1112 (5), *Criwecoer*, en 1219 (6), de *Crièvecuer*, en 1246 (7),
et 1288 (8), de *Crepicordium*, en 1349 (9), de *Crevechortis* (10),
de *Kerievekur*, *Crievecoert*, *Creffecurt* (11).

Dès le XIᵉ siècle, Crèvecœur eut des seigneurs qui en portaient
le nom. Hugues de Crèvecœur (*Hugo de Crepicordio*) aurait assisté au prétendu tournoi d'Anchin, en 1096. Ce personnage
appartenait à la puissante famille d'Oisy et était, en outre, châtelain de Cambrai. Il eut, en cette dernière qualité, de graves
démêlés avec l'évêque Burchard au sujet de biens ecclésiasti-
ques dont il s'était emparé. Il avait fait élever à Crèvecœur un
château fort où, en 1118, il se réfugia en compagnie de ses
gens d'armes et de ses vassaux avec lesquels il courut la cam-
pagne, enlevant les vivres qu'on amenait à Cambrai. Burchard
rassembla des troupes, prit d'abord le château d'Oisy et vint

(1) Mirœus (Voir les *Etudes étymologiques, historiques et comparatives sur
les noms des villes, bourgs et villages du département du Nord*, par Mannier,
p. 272).
(2) Titre de la collégiale de Lens (Mirœus).
(3) Titre de l'abbaye de Saint-Aubert de Cambrai. Le Carpentier. Preuves.
(4) Charte du pseudo tournoi d'Anchin.
(5) Cartulaire de l'abbaye de Vaucelles.
(6) Charte communale. Archives du Nord, série E, Crèvecœur, Portef. 4.
(7) Premier cartulaire de Hainaut.
(8) Premier cartulaire de Flandre.
(9) Pouillé du diocèse de Cambrai.
(10) Meyer, *Annales de Flandre*.
(11) Mannier, *loc cit.*; documents divers.

mettre le siège devant celui de Crèvecœur. Hugues, obligé de se rendre, signa un traité de paix, par lequel, après avoir prêté serment de fidélité à l'évêque, il s'engagea à remettre le château de Crèvecœur dans son état primitif, sans pouvoir jamais le fortifier, si ce n'est avec l'agrément de l'évêque et des bourgeois de Cambrai (1). Cependant le château paraît être demeuré tel quel et fut encore souvent par la suite l'objet des attaques des évêques et des habitants de Cambrai, car les sires d'Oisy ne cessèrent pas d'être de mauvais voisins pour eux.

A l'abri de ce château, un village s'était fondé et développé dans des proportions assez considérables pour que l'un de ses seigneurs, Jean d'Oisy, crût devoir, en juillet 1219, accorder aux habitants une loi ou charte communale que nous publions plus loin. C'était le meilleur moyen de les retenir et d'empêcher leur émigration à Cambrai qui, depuis longtemps, jouissait de semblables privilèges.

La seigneurie de Crèvecœur appartint jusqu'au milieu du XIIIe siècle à la maison d'Oisy. Mais, en 1244, elle fut confisquée en même temps que celle d'Arleux par une sentence prononcée pour forfaiture, contre Mathieu de Montmirail, fils de Gilles d'Oisy (2), au profit de Thomas de Savoie et de Jeanne, comtesse de Flandre, sa femme, dont il avait ravagé les terres. Cette sentence ne paraît pas, d'ailleurs, avoir été suivie d'exécution, car, à la mort de Mathieu de Montmirail, on voit sa sœur, Marie, femme d'Enguerrand III de Coucy, conserver cette seigneurie et la faire passer dans la maison de son mari.

Toutefois, en 1253, Crèvecœur fut pris par le comte d'Anjou, frère de Saint Louis, à Jean et à Baudouin d'Avesnes, qui le possédaient, nous ne savons en vertu de quel titre, pour être donné à leur mère la comtesse Marguerite. Par des lettres du 22 novembre 1257, Jean et Baudouin d'Avesnes reconnurent que le comte Guy, leur frère, ainsi que ses successeurs, comtes de Flandre, auraient la jouissance des terres de Crèvecœur, Arleux, Bouchain et de l'Ostrevant appartenant à la comtesse Marguerite, leur mère, avant qu'elle fût comtesse de

____

(1) *Notice sur l'ancienne ville de Crèvecœur, ses dépendances et l'abbaye de Vaucelles,* par A. Bruyelle. Mémoires de la Société d'émulation de Cambrai , tome XX, p. 311-374.

(2) Archives du Nord, B. 1562, deuxième cartulaire de Flandre, pièce 291.

Flandre, pour les tenir en fief des seigneurs dont elles étaient mouvantes, promettant de faire ce qui dépendra d'eux pour que ces derniers qui étaient l'empereur, l'évêque et l'église de Liège, l'évêque de Cambrai, approuvent et confirment, en ce qui les concerne, leur renonciation et acceptent l'hommage desdites seigneuries (1). Cet acte reçut l'approbation de la comtesse Marguerite l'année suivante (2). C'est ainsi que la terre de Crèvecœur passa aux comtes de Flandre et à leurs descendants.

Mais les sires de Coucy, comme ayants droit des seigneurs d'Oisy, ainsi que nous l'avons vu, continuèrent à élever des prétentions sur la propriété de Crèvecœur et de ses dépendances. En janvier 1273, on voit Gui, comte de Flandre, déclarer qu'Enguerrand, sire de Coucy, Oisy et Montmirail, lui ayant vendu le château de Crèvecœur, la forteresse avec la ville d'Arleux et la châtellenie de Cambrai, pour la somme de 20,000 livres parisis, dont 7,000 livres lui ont déjà été versées, il s'oblige à lui payer le reste au château d'Oisy aux différents termes assignés pour les paiements.

La comtesse Marguerite cautionna son fils pour ces différentes échéances auxquelles elle satisfit elle-même, comme en témoigne une quittance d'Enguerrand de Coucy, datée de décembre 1273 (3).

En 1285, la terre de Crèvecœur appartenait à Guillaume l'un des fils du comte Guy, qui, au mois de juin de cette année, transigea avec l'abbaye de Vaucelles au sujet d'une *seuwière* (canal) qu'il avait fait établir à l'extrémité des étangs de Vincy (4).

D'après un vidimus de Pierre Belagent, garde de la prévôté de Paris, en date du mardi 3 décembre 1336, d'une cédule informe et non datée, Ingergier (*sic*), sire d'Amboise et Marie de Flandre, sa femme, fille de Jean de Flandre et de Béatrix de Saint-Pol, et petite-fille de Guy de Dampierre, auraient

----

(1) Archives du Nord, B. 87.

(2) *Idem*, B. 1582, premier cartulaire de Hainaut, pièce 78.

(3) *Idem*, B. 127 et 129.

(4) *Idem*, série E. Fonds de Crèvecœur. Portefeuille n° 4. — Cette transaction fut vidimée et confirmée par le roi de France Philippe le Bel, le 2 mars 1286.

vendu au comte de Hainaut les châteaux de Crèvecœur et d'Arleux, avec leurs appartenances et dépendances, la *maison* et les hommages de Rumilly, la tour de Saint-Souplet, etc., moyennant 21,000 livres parisis, en s'engageant à faire jouir l'acquéreur du revenu de ces terres, malgré l'assignation du douaire de Béatrix de Saint-Pol dont elles étaient chargées (1). Depuis longtemps, d'ailleurs, le comte de Hainaut Guillaume Ier, réclamait la possession de ces châteaux, se fondant sur une sentence rendue par le roi Saint Louis et Ode, évêque de Tusculane, au mois de juillet 1246, sans tenir aucun compte des actes postérieurs à cette date, qui en avaient fait passer légalement la propriété aux comtes de Flandre. Ces titres sont, outre ceux déjà cités, les lettres par lesquelles Guillaume, fils du comte de Flandre, promet d'exécuter l'accord conclu entre lui et Robert, comte de Nevers et sire de Béthune, son frère aîné, au sujet de la cession que celui-ci lui avait faite de la terre de Tenremonde et dépendances, jusqu'à la valeur de celle de Béthune et même de 8,000 livrées de terre, en considération de l'avantage qu'il avait par suite de l'importance de ses terres de Crèvecœur et de Richebourg (2 août 1286) (2).

Pendant que les fils du comte de Flandre réglaient ainsi entre eux la possession de leurs apanages dont Crèvecœur faisait partie, cette terre était revendiquée déjà par le comte de Hainaut qui profitait des difficultés de Guy de Dampierre avec Philippe le Bel, pour la réclamer ainsi que l'Ostrevant et la châtellenie de Cambrai. Il s'adressa à l'empereur pour faire valoir ses droits douteux et il obtint d'autant plus facilement satisfaction que son adversaire n'était pas là pour les contester, Mais le 5 mai 1287, maître Jean de Pisis, procureur du comté Guy, fit connaître à Jean, évêque de Tusculane et légat du Saint-Siège, que les comtes de Flandre avaient de toute ancienneté joui sans opposition de différentes terres qu'il énumérait, entre autres de celles de l'Ostrevant, de Crèvecœur et d'Arleux. Il se plaignit de ce que, sans avoir appelé le comte de Flandre, et sans aucune cause raisonnable, il lui avait été signifié un mandement de la part du légat, d'avoir à remettre,

----

(1) Archives du Nord, série E. Fonds de Crèvecœur. Portefeuille n° 4.

(2) *Idem.* B. 1562, deuxième cartulaire de Flandre, pièce 292.

sous peine d'excommunication, lesdites terres dans l'espace d'un mois à Jean d'Avesnes, se disant comte de Hainaut (1). Le 16 mai suivant, Guérard d'Audenarde, procureur du comte de Flandre, protesta contre la sentence de l'empereur Rodolphe de Habsbourg qui avait ordonné la restitution de l'Ostrevant, de Crèvecœur, Arleux et de la châtellenie de Cambrai, au comte de Hainaut Jean d'Avesnes (2). Le 25 mai, nouvelle protestation faite par le comte Guy lui-même, alors à Winendale en Flandre (3).

Cette résistance avait empêché l'exécution de la sentence impériale, et, en novembre 1288, Crèvecœur appartenait toujours au comte de Flandre qui déclara, à cette date, qu'ayant donné à Guillaume, son fils, pour compléter la somme de 8,000 livrées de *terre héritable* qui lui revenait, la ville et le château de Crèvecœur avec leurs dépendances, estimés 1,250 livrées de terre au tournois de revenu annuel, et ledit Guillaume lui ayant ensuite rendu ledit château et s'en étant déshérité en sa faveur, conservant seulement Arleux et la châtellenie de Cambrai pour lui et ses hoirs, il lui cédait en reconnaissance 1,500 livrées de terre au tournois de rente annuelle, promettant de les assigner en fonds de terre d'ici à la fête de la Toussaint prochaine. Il lui donna de plus 1,500 livrées de terre au tournois à toucher en deux termes pour lui tenir compte des revenus des ville et dépendances de Crèvecœur dont le comte devait jouir jusqu'à la Toussaint, c'est-à-dire avant le paiement des 1,500 autres livrées promises pour cette époque (4).

Le comte de Hainaut n'avait pourtant pas abandonné ses prétentions sanctionnées par la sentence impériale dont il réclamait vainement l'exécution. A la fin, il obtint du comte de Flandre que le différend existant entre eux sur ce point et sur beaucoup d'autres, serait soumis à des arbitres. Par des lettres du 2 décembre 1288, Guy de Dampierre déclara que, lorsque Jean, évêque de Liège, son fils, et Bouchart de Hainaut, évêque de Metz, arbitres nommés pour terminer toutes les difficul-

(1) Archives du Nord, B. 245.
(2) *Idem, ibidem.*
(3) *Idem, ibidem.*
(4) *Idem*, B. 1561, premier cartulaire de Flandre, pièce 401.

tés pendantes entre lui et Jean d'Avesnes, son neveu, auraient rendu leur sentence, il céderait à son dit neveu, s'il se soumettait lui-même à la dite sentence, tous les revenus de la terre de Crèvecœur depuis la Toussaint de l'année 1288 jusqu'à la date de l'exécution de la sentence. Robert, fils aîné du comte de Flandre et Guillaume, son frère, promirent aussi de se conformer à la décision des deux arbitres. En même temps, Guy et Jean d'Avesnes s'engagèrent à se présenter devant l'Empereur d'Allemagne lorsqu'ils en seraient requis l'un par l'autre, pour assister au jugement que les évêques de Liège et de Metz devaient prononcer en audience impériale pour terminer leur différend (1).

Guy avait aussi protesté en cour de Rome contre la décision de l'empereur et subsidiairement contre la bulle du pape qui l'avait excommunié pour n'avoir pas voulu se soumettre à cette décision. Cette protestation reçut un accueil favorable, car, après l'enquête faite par les évêques de Metz et de Liège délégués à cet effet par le Saint-Siège, le légat révoqua et cassa la bulle d'excommunication. Mais le comte de Flandre dut finir par se décider à rendre hommage à Rodolphe de Habsbourg pour les fiefs qu'il tenait de l'Empire. C'était ce refus de s'acquitter du devoir féodal qui avait amené l'empereur d'Allemagne à soutenir les prétentions de Jean d'Avesnes. Cette opposition n'ayant plus de motifs, Rodolphe déclara, par un acte du 15 mars 1289, qu'il prenait sous sa protection le comte Guy et les siens qui devaient venir lui rendre foi et hommage pour les terres mouvantes de l'Empire, nonobstant la prescription, prononcée par la sentence de l'année précédente, qui empêchait le comte de se rendre auprès de lui (2).

A la suite de cette démarche, les querelles des comtes de Flandre et de Hainant parurent s'apaiser, au moins momentanément, car ils n'avaient renoncé définitivement, ni l'un, ni l'autre, à leurs prétentions. Crèvecœur et Arleux restèrent certainement aux Dampierre, tout au moins d'une manière provisoire et précaire. Quant à l'Ostrevant, une partie de ce petit pays et sa capitale Bouchain continuèrent à être possédés par

(1) Archives du Nord, B. 266.
(2) *Idem*, B. 271.

les d'Avesnes. C'est ce que semblent indiquer des lettres de Philippe le Bel de septembre 1290, déclarant que le comte de Hainaut lui a fait hommage-lige pour la terre d'Ostrevant, avec cette clause que ne seront point comprises dans l'hommage les terres reconnues par enquête ne pas appartenir au Royaume (1).

Les choses restèrent dans la même situation jusqu'en 1309, où le comte de Hainaut, Guillaume Ier, fit revivre toutes les anciennes difficultés en réclamant de nouveau la cession de Crèvecœur et d'Arleux que la sentence de Saint Louis, disait-il, avait attribués en 1246 à son aïeul. Elles furent apaisées par un traité conclu entre ce prince et le comte de Flandre, Robert de Béthune, à Tournai, dans le jardin de l'évêque, le 17 août 1310. Ce titre ne nous est malheureusement pas parvenu. Nous ne le connaissons aujourd'hui que par l'analyse qu'en a faite Godefroy au dernier siècle (2). Il stipulait entre autres articles, que les terres de Crèvecœur et d'Arleux, ou au moins leur hommage, appartiendraient provisoirement au comte de Hainaut, tout en réservant le jugement définitif de cette affaire pour le moment où les raisons des deux parties auraient été examinées. Cette décision eut lieu quelques années après. Par des lettres non datées et qui ne paraissent être qu'un projet, dit Godefroy, Robert, fils du comte de Flandre, seigneur d'Alluyes et de Montmirail en Perche, arbitre nommé pour régler tous les débats qui s'étaient élevés jusqu'au jeudi 1er août (3) entre les comtes de Flandre et de Hainaut, leurs aidants et leurs alliés, décida : « que Crèvecœur et Arleux appartiendraient à Guillaume de Flandre et à ses hoirs et que le comte de Flandre et ses hoirs ne pourraient jamais faire de *calenge;* qu'il en serait de même pour la châtellenie de Cambrai » (4).

Cette sentence arbitrale ne fut pas acceptée par le comte de Hainaut, et à la suite de nouvelles difficultés, il consentit à élire des commissaires qui, de concert avec ceux choisis par le

(1) Archives du Nord, B. 299.
(2) Inventaire Godefroy, n° 4723.
(3) Le 1er août tomba un jeudi en 1311.
(4) Inventaire Godefroy, n° 4724. La pièce n'existe plus aux Archives du Nord.

comte de Flandre, traiteraient et trancheraient définitivement
la question de la propriété de Crèvecœur, Arleux et de la châtellenie de Cambrai (1). Au bout de quatre jours de négo-
ciations, ces commissaires firent accepter aux deux parties un
traité de paix qu'elles signèrent à Paris le 18 mars 1323 (n.
st.), dans lequel il était stipulé que : « si messire Jean de
Flandres (fils de Guillaume) s'accorde avec le comte de Hainaut
au sujet de Crèvecœur, d'Arleux et de la châtellenie de Cambrai, l'accord sera tenu bon ; mais, s'il n'a pas lieu, ces seigneuries resteront paisiblement audit Jean de Flandre et à ses
héritiers » (2). Comme aucun accord particulier n'intervint
entre Jean de Flandre et le comte de Hainaut, le premier conserva ces terres et paraît même avoir refusé d'en prêter hommage audit comte et à l'empereur d'Allemagne, pour ne relever
que du roi de France. C'est ce qui semble résulter du passage
d'une lettre, datée de juillet 1337, par laquelle l'empereur
Louis de Bavière se plaint à Philippe de Valois, « se disant
roi de France, » écrit-il dans la suscription (3), qu'il se soit
entremis d'occuper les châteaux de Crèvecœur, Arleux et de
Saint-Souplet, au grand préjudice des droits de l'empereur et
de l'Empire (4).

Voici, en effet, ce qui s'était passé. Le comte de Hainaut, quoique débouté de ses prétentions, résolut d'avoir les châteaux de
Crèvecœur et d'Arleux, les hommages de Rumilly et la tour de
Saint-Souplet, à titre onéreux, puisqu'il n'avait pas pu se les
faire concéder autrement, et il les acheta du sire d'Amboise et
de Marie de Flandre, sa femme, héritière de Jean de Flandre,
pour la somme de 21,000 livres parisis, ainsi que nous l'avons
vu plus haut. Mais comme ce prix considérable pour l'époque
ne put pas être payé, Philippe de Valois s'empressa d'acquérir
des mêmes vendeurs les châteaux de Crèvecœur, Arleux, etc.,
en février 1337, n. st. Cette vente fut approuvée et confirmée
par Guillaume d'Auxonne, évêque de Cambrai. Ce fut là le

---

(1) Archives du Nord, B. 582. Pièce datée du 14 mars 1323, n. st.

(2) *Idem, ibidem*.

(3) *Idem*, B. 752. « Philippo de Valesio pro rege Francorum nunc se gerente ».

(4) *Idem, Ibidem.* « Precipue de castellis videlicet Crèvekeur, Haleus et Sancti-
Suiplis in episcopatu Cameracensi situatis, intromittere presumpsisti in nos-
trum et imperii grave dampnum, etc. ».

point de départ, dit une curieuse note historique, datée de novembre 1613, de la protestation de l'empereur Louis de Bavière et de tous les seigneurs de l'Empire, qui, « mal contens et, pour ce seul respect, conseillèrent au roy d'Angleterre, prétendant, de mouvoir une guerre aux François, de se faire vicaire de l'Empereur, pour en son nom pouvoir deffier ledit roy de France, comme aïant contrevenu à certain vieil accord que les rois de France avoient fait avec l'Empereur, de ne pouvoir jamais tenir, ny acquérir sur l'Empire; ce que le roy d'Angleterre prit à prouffit et effectua, comme escript Froissart (livre 1, chap. 33 et autres ensuivans de son Histoire), sans icy parler du succès de ceste guerre. Les rois de France, nonobstant icelle, ont jouy et possédé propriétairement des dictes terres, car en l'an 1336, ledit roy Philippe feit emprisonner au chasteau de Crèvecueur le roy Jean de Navarre son beau-père (le mesme autheur audit livre, chap. 171). Les causes de ceste acquisition ne sont pas raportées par Froissart, mais il est à présumer que c'estoit le désir d'avoir quelque entrée, crédit, pouvoir et auctorité sur la ville de Cambray et le Cambrésis » (1).

Nous sommes de l'avis de l'auteur de la note de 1613, et ce fut bien pour occuper un château fort qui, par sa position stratégique, était comme la clef de Cambrai et du Cambrésis, que Philippe de Valois tint à devenir le maître de Crèvecœur et de ses dépendances. Si quelques années plus tard, par suite de combinaisons politiques et financières qui nous sont restées inconnues, il les céda à son fils aîné Jean, duc de Normandie, ces châteaux n'en restèrent pas moins à la France. Le duc de Normandie, pour s'attacher l'affection des habitants de Crèvecœur, s'empressa de confirmer leurs antiques privilèges par un acte daté du camp, « en nos tentes », devant le château d'Escaudeuvre près de Cambrai, au mois de mai 1340 (2). On remarque dans ce document qu'à ses titres de fils aîné du roi de France, de duc de Normandie, comte d'Anjou et du Maine et de lieutenant du roi en ses guerres, il a soin d'ajouter celui de seigneur de Crèvecœur et d'Arleux. Par un second acte portant la même date, il déclara qu'il entendait que les habi-

(1) Archives du Nord, série E. Fonds de Crèvecœur. Portef. 4.
(2) *Idem, ibidem.*

tants jouiraient paisiblement de leurs coutumes comme par le passé. « Comme nos amés les bourgeois et communaúté de nostre chastel et ville de Crèvecueur, dit-il, disans que par les coustumes et usages anciens de ladicte ville et chastel dont eulx et leurs prédécesseurs ont joy et usé paisiblement de si lonc temps qu'il n'est mémoire du contraire, de tout ce que lesdiz bourgeois et communauté font au son de la cloche au commandement de nos sergens et des gens députés et establis à ce par nous ou nos gens en ladicte ville, en les confortant à l'onneur de nous leur seigneur, il sont et doivent estre advoés de nous et de nous tenir le fait pour nostre; et s'il issent hors de ladicte ville aveuc nous ou nostre lieutenant ou nos sergens, la teste armée, ce est et doit estre à nos couz et à nos frais par les coustumes et usages dessus diz; nous aient supplié que par nous il soient confirmés et tenus ès coustumes et usages dessus diz, si qu'il en puissent joïr et user et en yceulx demourer paisiblement soubz nous et nos successeurs à touz jours; nous, oy sur les choses dessusdictes nostre amé et féal Michiel de Roccourt, chevalier et maistre de l'ostel de nostre seigneur et père, capitaine de par nous en ladicte ville, eue considéracion aux bons services, au bon port et à la loiauté que lesdiz supplians ont monstré à nostre dit seigneur et père et à nous en ces guerres et espérons qu'ils facent ou temps avenir, leur avons ottroié et ottroions, pour eulx et pour leurs successeurs, et volons pour nous et pour nos successeurs par la teneur de ces lettres, de certaine science et de grâce espécial, qu'il soient et demeurent paisiblement ès coustumes et usages dessusdiz dont il ont usé comme dit est, et qu'il leur soient entièrement en tout et par tout tenus et gardés; etc. » (1). Six ans plus tard, par des lettres datées du bois de Vincennes le 21 juillet 1446, on voit Philippe de Valois accorder à Jean de Hainaut, seigneur de Beaumont, chevalier, en récompense de ses services, 3,000 livres t. de rente sur la recette de Vermandois, à condition qu'il deviendrait son homme et entrerait en son hommage, qu'il servirait en personne à l'armée du roi et contribuerait de tout son pouvoir à la défense des villes et châteaux de Crèvecœur, Arleux et Rumilly, excepté toute-

(1) Archives du Nord, série E. Fonds de Crèvecœur. Portef. 4.

fois à l'encontre du roi d'Angleterre, du comte et de la comtesse de Hainaut et du duc de Brabant (1).

Cet engagement de Jean de Hainaut ne paraît pas avoir sauvegardé la sécurité des habitants des villes et châteaux de Crèvecœur et d'Arleux pendant la première partie de la guerre de Cent-Ans. Il pouvait en être difficilement autrement puisqu'il n'était pas valable contre les Anglais. Aussi, si l'on en croit une chronique manuscrite conservée à la bibliothèque de Cambrai (2), lorsqu'Edouard III pénétra dans le Cambrésis à la fin de septembre 1339, ses troupes qui s'étaient établies aux abords de Crèvecœur, se signalèrent par des cruautés atroces dans la contrée. « Ils (les Anglais), dit le manuscrit, enforçoient femmes gisant d'enfans, femmes mariées et bonnes filles ; et aux gesnes (jeunes) enfans copoient à l'ung ung pied, à l'autre les oreilles, aux autres le nez, et à aulcun crevoient les yeux et disoient : Chè pour che qu'il vous souvienne qne le roi d'Angleterre et les Anglois ont été en Cambrésis ».

Ce ne fut que vers 1350 que les Anglais quittèrent le Cambrésis après l'avoir occupé pendant près de dix ans. S'ils ravagèrent les campagnes entourant Crèvecœur, ils ne s'emparèrent ni du château, ni de la ville. Le Carpentier (3) rapporte, d'après Gelicq, qu'en 1356, le roi de Navarre Charles le Mauvais, fut transféré de la tour du Louvre au château de Crèvecœur. D'autres historiens ont prétendu que ce fut au château d'Arleux qu'on enferma ce prince. Mais Le Carpentier revendique avec force cet honneur pour Crèvecœur. « J'y ai veu moy-mesme, dit-il, dans le chasteau de Crèvecœur qui m'a autres fois servy de séjour, les armes de Navarre entailliées dans la voûte d'une place de ce chasteau, en mémoire et par le commandement de cet illustre prisonnier. Ces armes représentoient des doubles chaisnes d'or passées en sautoirs, en croix, en orles, que la pluspart des autheurs ont blazonné (mais mal) : *de gueules aux raies d'escarboucle accolletée et pomettée d'or* ».

Nous avons heureusement un témoignage plus sérieux que l'assertion de Le Carpentier, pour admettre la réalité historique de la détention de Charles le Mauvais à Crèvecœur. C'est celui

(1) Archives du Nord, B. 804.
(2) N° 884, p. 4.
(3) *Histoire de Cambrai*, tome I, p. 111.

de Froissart. Un des manuscrits de cet historien, publié par le baron Kervyn de Lettenhove dans sa savante édition (1), mentionne, en effet, qu'après avoir été amené à Paris et enfermé à la tour du Louvre, le roi de Navarre « fu en celle saison (avril ou mai 1356) translatés et menés en Cambrésis et mis ens ou fort chastiel de Crèvecoor, et sur lui bonnes et espéciaules gardes, ne point ne widoit d'une tour où il estoit mis; mès il avoit toutes coses apertenans à lui et estoit servis. Si le commença le rois de France à entroublyer; mès si frère ne l'oublyèrent point ensi que je vous dirai ensievant ».

Cependant, lorsqu'il raconte plus loin l'évasion de Charles le Mauvais qui eut lieu l'année suivante, Froissart ne fait plus aucune mention du château de Crèvecœur, et dit expressément que ce prince était enfermé au château d'Arleux, d'où Jean de Picquigny, aidé de quelques cavaliers, hommes ou soldats de Philippe de Navarre, sous la conduite de Roderic d'Urris, de Corbaron, de Hernando, etc., parvint à le délivrer (2). Les diverses variantes des manuscrits s'accordant pour désigner dans cette circonstance le château d'*Alues en Pailluel* ou d'*Ailues*, il faut en conclure qu'après avoir été primitivement détenu à Crèvecœur, le roi de Navarre avait été transféré dans la forteresse d'Arleux, située au milieu de vastes étangs marécageux, d'un accès très difficile, et qui devait être considérée comme une prison plus sûre et plus facile à garder. L'événement donna tort à cette prévision par suite de la faute lourde du gouverneur Tristan du Bois qui, soit par négligence, soit par trahison, avait abandonné son poste.

D'après Bruyelle (3), le dauphin Charles, lieutenant général

(1) Tome V, p. 362-363.

(2) « Apriès avint que aucuns chevaliers, messires Jehans de Pikegny et autre, vinrent sus le comfort du prouvost des marchans et des consaux de aucunes bonnes villes, du costiel que on dist de Alues ou Pailloeil qui est un des fors castiaux du monde où li roys Carle de Navarre estoit pour le temps emprisonnet et en le garde de monseigneur Tristan dou Bos. Si apportèrent tels enssaignes et si bien espyèrent que messires Tristan n'y estoit point, fors ung castellains, ses lieutenans; si fu délivrés hors de prison et amenés à Amiens où on li fist grant feste, etc. ». Froissart, édit. Kervyn de Lettenhove. Tome VI, p. 40.

(3) *Notice sur l'ancienne ville de Crèvecœur, ses dépendances*, etc., *loc. cit.*, p. 327.

du royaume, tenant à accomplir une promesse du roi Jean, alors prisonnier en Angleterre, aurait acheté au mois de septembre 1358, les terres d'Arleux, de Crèvecœur, etc., pour les donner au comte de Flandre, Louis de Male, à condition que si le roi trouvait à acquérir d'autres terres en Flandre d'un rapport équivalent, un échange serait dans ce cas effectué et qu'il rentrerait en jouissance desdites terres d'Arleux et de Crèvecœur. Cette cession au comte de Flandre aurait eu pour but d'amener la rupture d'un mariage projeté entre Marguerite, fille et unique héritière de ce dernier, avec un prince anglais, fils d'Edouard III. L'auteur n'indique pas la source où il a puisé ce renseignement qui nous paraît d'une authenticité douteuse, d'autant plus qu'en septembre 1358, le dauphin Charles n'avait pas besoin de faire l'acquisition de Crèvecœur et d'Arleux, puisque ces deux terres n'avaient pas cessé d'appartenir à la couronne de France. Si donc elles ont été cédées à Louis de Male, elles ne durent rester que peu de temps entre ses mains pour revenir aussitôt au roi.

Quoi qu'il en soit, le 24 octobre 1399, le roi Charles VI enjoignit au bailli de Crèvecœur de protéger les Cambrésiens dans leurs personnes et leur commerce contre les entreprises du sire d'Esnes (1) et, en 1400, d'après un accord passé avec l'évêque de Cambrai au sujet de la perception de différents droits, Crèvecœur, Arleux, Rumilly, Saint-Souplet et la châtellenie de Cambrai appartenaient alors au dauphin Louis, fils aîné du roi Charles VI (2).

II.

Ce fut l'article 20 du traité d'Arras, en 1435, qui mit le duc de Bourgogne Philippe le Bon en possession de Crèvecœur et d'Arleux que lui céda Charles VII (3).

---

(1) Archives communales de Cambrai, AA 29.

(2) Archives du Nord, série E. Fonds de Crèvecœur. Portef. n° 4. « Vidimus de l'accord conclu entre le dauphin de Viennois, châtelain de Cambrai, seigneur de Crèvecœur etc., d'une part, et l'évêque de Cambrai, les prévôt, échevins, bourgeois et habitants de ladite ville de l'autre, le 18 décembre 1400.

(3) Dumont, *Corps diplomatique*, tome II, partie 2, p. 312.

Par un acte du 21 janvier 1446, ces terres, toujours réunies à la châtellenie de Cambrai, furent constituées en apanage pour le fils naturel du Duc, Antoine, dit le Grand-Bâtard de Bourgogne. Ce fut à l'occasion du mariage de son fils avec Jeanne de la Viéville que Philippe le Bon lui fit donation, d'abord d'une rente de 2,000 livres sur Crèvecœur et Arleux, puis, le 26 juillet suivant, il lui en abandonna tous les fruits et revenus; enfin, le 9 juin 1461 il y ajouta la nu-propriété. Par des lettres datées d'Amboise au mois de mars 1469 (n. st.), Louis XI, considérant « les grands et recommandables services » que son très cher et amé cousin, Antoine, bâtard de Bourgogne lui avait fait ci-devant en plusieurs de ses grandes affaires, et autrement en diverses manières lui fait chaque jour et qu'il espère qu'il lui fera encore à l'avenir, pour ces motifs et afin de l'attraire à son service continuel, lui donna, céda, transporta et délaissa de sa certaine science, propre mouvement et grâce spéciale, pleine puissance et autorité royale, ses terres et seigneuries de Crèvecœur et Rumilly avec la châtellenie de Cambrai et leurs dépendances quelconques, à la charge du droit de *morgage* que le duc de Bourgogne avait sur elle (1).

Malgré ces lettres de Louis XI, Crèvecœur ne tarda pas à être occupé par les troupes françaises. On les y voit établies en 1479, et faisant de là des courses jusque sous les murs de Cambrai. Elles ne le quittèrent même qu'en 1482, quand la neutralité du Cambrésis fut de nouveau reconnue et consacrée. Sept ans plus tard, en 1489, les fortifications de Crèvecœur auraient, d'après le chanoine Dupont, été démantelées. Ce renseignement est confirmé par la mention suivante que l'on trouve dans le compte rendu à l'évêque de Cambrai par Antoine de Loppée, commis à recevoir les impôts de 5 deniers tournois mis sur chaque lot de vin vendu en détail, en 1488-1489 : « à Colin Lagaise, chevaucheur de monseigneur le bastard de Bourgoigne, pour avoir par deux fois et à deux voiages esté pardevant mondit seigneur le bastard au Chasteau-Thierry, pour l'advertir du besoigné que les députez de la citté avoient fait avecq Monsieur de Vaulx, touchant les demandes que mondit sieur le bastard faisoit à la citté, à cause du desmolis-

____

(1) Archives du Nord, série E. Fonds de Crèvecœur. Portef. n° 4.

sement de la ville de Crèvecœur et aultrement, etc., XXI livres, VI sols, VIII den. » (1).

Il n'est question dans cette note que de la démolition des remparts de la ville. Le château fort fut sans doute épargné. Il est probable qu'on espérait par cette mesure diminuer l'importance stratégique de Crèvecœur et par suite les convoitises de la France sur cette localité. L'avenir se chargea de montrer la fausseté de cette prévision. Louis XII, pour affirmer ses droits sur cette seigneurie, prétendit que la donation qui en avait été faite au Grand-Bâtard n'était valable que durant la vie de celui-ci, qu'elle ne pouvait passer, à ses héritiers, et il en fit don à Jean de Bruges, seigneur de la Gruthuse, qui vint, avec des forces considérables, s'en emparer et débusqua sans peine les gens d'Adolphe de Bourgogne, fils et héritier du Grand-Bâtard, qui occupaient le château. Cet événement se passa vers Noël 1506, et le souvenir nous en a été conservé par une curieuse enquête faite le 22 mars 1559 (n. st.) devant François de Wauquelin, écuyer, seigneur dudit lieu, de la Bouquière, de Sancourt, Sainte-Olle, Raillencourt, bailli du comté de Cambrésis, assisté des hommes de fief dudit comté, sur la demande de messire Jean de Cruninghem, chevalier, vicomte de Hollande, se disant seigneur de Crèvecœur, Arleux, Rumilly, etc., comme héritier d'Adolphe de Bourgogne. Les témoins entendus furent :

Pierre de Saint-Waast, bourgeois de Cambrai, âgé de 75 ans, qui déclara, après avoir prêté serment, qu'il était *mémoratif* que, soit environ 50 ou 51 ans, ne pouvant préciser davantage quant au temps et quant au jour, comme il était encore *jeune homme* (non marié) et habitait la maison de sa grand'mère, demoiselle Griselle, à Cambrai, rue Saint-Georges, constituant le grand chemin allant de Crèvecœur au marché de la ville de Cambrai, il vit passer des soldats venant de Crèvecœur, chassés, disait-on, de ce lieu par les Français au nombre de 2,000 hommes de guerre, ayant aussi avec eux cinq ou six pièces de canon, avec lesquelles ils s'emparèrent de vive force de la ville et du château qu'ils ont toujours occupés depuis cette époque jusqu'au jour où feu messire Maximilien de Bourgogne, sei-

____

(1) Archives du Nord, série E. Fonds de Crèvecœur. Portef. n° 6.

gneur de Bévres, Crèvecœur, Arleux, etc., fils d'Adolphe de Bourgogne, en fut remis en possession par l'empereur Charles-Quint.

Nicolas de Nimay, orfèvre, âgé de 85 ans, déposa qu'il se souvenait qu'environ l'année 1506, sans pouvoir préciser davantage quant aux mois et jour, il allait fréquemment à Crèvecœur pour faire *mettre à point aulcunes vignes* appartenant à son oncle. Le sieur de la Gruthuse, en ce temps lieutenant du roi de France en Picardie, vint, accompagné de 2,000 à 3,000 hommes de guerre, ayant avec eux cinq ou six pièces de canon, s'emparer, *à force d'armes*, de la ville et du château de Crèvecœur et en expulsa les soldats qui l'occupaient pour le compte du sire de Bèvres; il y resta avec ses troupes jusqu'à ces derniers temps où le sire de Bèvres en fut remis en possession par l'Empereur.

Bauduin Petit, *estainier* (potier d'étain), âgé de 88 ans, demeurant à Cambrai, rue des *Ligniers*, près du Marché, fit une déposition semblable.

Guillaume Denise Wautier, âgé de 70 ans, put préciser la date exacte de l'événement qui aurait eu lieu le jour de Noël 1506, grâce à cette circonstance que le lendemain de ce jour il alla à Crèvecœur où il trouva les Français se disant sous le commandement du sire de la Gruthuse, maîtres du château qu'ils occupèrent jusqu'au moment où le sire de Bèvres y fut réintégré par l'Empereur.

Nicolas Crespin, *toillier* (tisserand), âgé de 61 ans, et Florent Pingrel, écuyer, âgé de 68 ans, demeurant tous les deux à Cambrai, déposèrent dans les mêmes termes.

Nicolas Le Cocq, laboureur, âgé de 62 ans, demeurant à Proville, ajouta qu'étant alors en la maison de son père, appelée la *maison de cense de Rémelon*, située dans les faubourgs dudit Crèvecœur, il vit un jour de Noël venir de loin *une grosse gendarmerie* se dirigeant sur ladite ville de Crèvecœur et conduite par le sire de la Gruthuse. A cette vue, son père et lui se retirèrent dans la ville et quelques instants après, comme il se trouvait dans l'église paroissiale, il y entra plusieurs gens de guerre français qui parlementèrent avec les soldats occupant la ville au nom du sire de Bèvres, au nombre de quatorze, commandés par un capitaine borgne. Il ne saurait dire quel fut l'objet de leur colloque qui eut lieu auprès de l'autel Notre-Dame. Mais, presque aussitôt le sire de la Gruthuse entra dans la ville avec ses gens de guerre, s'élevant à environ 2,000 hommes, et de l'artillerie, et en délogea les soldats du duc de Bévres.

Bon, marchand, demeurant à Crèvecœur, âgé de 60 ans et Jean Talva, vigneron, demeurant audit lieu, âgé de 78 ans, témoignèrent dans le même sens (1).

Cette occupation plus ou moins violente de Crèvecœur par les Français avait été motivée probablement par la prétention d'Adolphe de Bourgogne, seigneur de Bèvres et de Crèvecœur, de ne relever pour cette dernière seigneurie que de l'évêque de Cambrai, malgré les termes formels des lettres de Louis XI qui l'avaient concédée à son père le Grand-Bâtard de Bourgogne. Il avait même fait appuyer cette prétention par les échevins de la cité de Cambrai, qui osèrent déclarer, par un acte du 14 février 1505 (n. st.), « que par les dépositions de plusieurs notables personnes, créables et dignes de foy, noz manans et aultres, ce jourd'hui à la requeste et instance de maistre Nicole Cofeste, licencié en drois et loix, comme procureur de hault et puissant seigneur, monseigneur Adolphe de Bourgoigne, seigneur de Bèvres, ouys et diligemment examinez après serment solennel, » il leur a été et est suffisamment et dûment apparu que les villes de Crèvecœur, Arleux, Rumilly et Saint-Soupplet, leurs dépendances et appartenances quelconques, sont et ont été depuis si longtemps qu'il n'est mémoire du contraire, tenues noblement et *liguement* en trois fiefs et hommages du comté de Cambrésis et du palais épiscopal de Cambrai, etc. (2).

Les troupes françaises ne paraissent pas avoir cessé d'occuper la ville et le château de Crèvecœur pendant les vingt années qui suivirent la prise de possession de 1506.

Deux documents indiquent même que relativement à Arleux, cette occupation était considérée comme légitime par l'empereur Charles-Quint. Ce sont d'abord une lettre du duc de Vendôme aux gens des Trois-États, touchant la remise d'Arleux en l'obéissance du roi de France, et les invitant à ne pas mettre opposi-

(1) Archives du Nord, série E. Fonds de Crèvecœur. Portef. 1.
(2) *Idem,* *ibidem.*

tion à cette remise, en raison de la neutralité, datée d'Abbeville le 24 octobre 1522, suivie d'un ordre de l'empereur Charles Quint, donné à Gand le 3 décembre suivant, prescrivant à Jacques de Montigny, seigneur de Noyelles, de rétablir Arleux dont s'était emparé le seigneur de Bèvres, en la seigneurie de Crèvecœur, possédée par un officier du roi de France, en conformité de la neutralité du Cambrésis (1). Elles y étaient encore en 1526, puisque l'article XLI du traité de Madrid stipule que messire Adolphe de Bourgogne, seigneur de Bèvres et amiral de la mer de Flandre, serait restitué (sic) et réintégré aux droits et actions qu'il prétend et qu'il avait au commencement de cette guerre sur les châteaux, terres et appartenances de Crèvecœur en Cambrésis; qu'il pourra poursuivre ses dits droits en justice devant le juge auquel la connaissance des affaires de la dite terre de Crèvecœur appartient (2).

Malgré cela, en 1529, lors du traité de Cambrai, dit *paix des Dames*, la question n'était pas encore résolue, puisqu'elle y fait l'objet de la nouvelle clause suivante : « Item, a esté et est convenu et accordé que le procès pendant pardevant les gens tenant la court de parlement de Paris, entre messire Adolphe de Bourgogne, chevalier de l'ordre de la Toison d'or, seigneur de Bèvres, demandeur d'une part, pour raison des terres et seigneuries de Crèvecœur, Arleux, Rumilly, Saint-Souplet et chastellenie de Cambrai, et le procureur général du roy deffendeur, d'autre, sera renvoyé en l'estat qu'il est pardevant quatre juges qui seront commis et déléguez, deux du costé dudict seigneur Empereur, et deux de la part dudict seigneur Roy trèschrestien, pour en cognoistre et décider en la ville de Cambray, s'il est prest et en estat de juger; sinon il sera instruict à ce qu'il reste à instruire le plus sommièrement et par les plus briefz intervalles que faire se pourra l'ordre de justice, toutes voies gardées et observées; et pardevant lesdits sieurs juges, ledit sieur de Bèvres pourra (si bon lui semble) faire telles autres demandes, requestes et conclusions en matière de réintégration ou aultrement que bon lui semblera, ledit procureur général demeurant enthier en ses exceptions et deffenses; et

(

(1) Archives communales de Cambrai, AA 53.

(2) Dumont, *Corps diplomatique*, tome IV, partie 1, p. 409.

seront tenuz lesdictz juges, après que ledict procès sera instruict et mis en estat, de juger icellui, décider et déterminer en
ladicte ville de Cambray dedans quinzaine ; et pour commen-
cher de procéder à ladicte matière, lesdictz juges déléguez se
trouveront audict Cambray vingt jours après la ratification de
ce présent traicté ; et pourront les deux d'iceulx, en l'absence
et empeschement des autres, c'est assavoir ung de chacun
costé, procéder à l'instruction dudit procès jusques à sentence
deffinitive exclusivement ; et sera la sentence, donnée par les
quatre juges, exécutée nonobstant opposition ou appellation
quelconque » (1).

Cet article ne paraît pas plus avoir été exécuté que celui du
traité de Madrid. Le roi de France conserva toujours Crèvecœur, et nous verrons plus loin comment et à qui l'usufruit en
avait été cédé, et comment de temps à autre il fut pris par les
soldats de Charles-Quint, et repris par les troupes françaises.
Cependant durant les époques d'accalmie ou de paix relative
entre les deux monarques, il se produisit quelques velléités
d'arriver à une solution définitive. Ainsi, par des lettres patentes datées de Fontainebleau le 2 décembre 1543, François Ier
nomma maîtres Adrien Dudracq, conseiller au parlement de
Paris, et Jacques Ménager, conseiller au parlement de Rouen,
commissaires chargés de prendre part à la conférence qui devait
se réunir à Cambrai pour examiner les réclamations de Maximilien de Bourgogne (2). Mais on ignore quel fut le résultat de
cette conférence. D'après un extrait du traité de Crépy,
conservé aux Archives du Nord (3), mais que l'on ne retrouve
ni dans le texte publié par Dumont (4), ni dans celui du registre
des traités du fonds de la Chambre des comptes (5), il aurait
été stipulé, en 1544, que « messire Maximilien de Bourgogne, amiral de la mer de Flandre, sera comme héritier de
feu messire Adolphe de Bourgogne, son père, réintégré aux
droits et actions que avoit son dict feu père au commenche-

<hr>

(1) Art. XLII du traité de Cambrai. Dumont, *Corps diplomatique,* tome IV,
part. 2, p. 14.

(2) Archives du Nord, série E. Fonds de Crèvecœur. Portef. 5.

(3) *Idem, ibidem.* Portef. 1.

(4) Dumont, *Corps diplomatique,* tome IV, part. 2, p. 279.

(5) Archives du Nord, B. 1840.

ment des guerres, au chasteau, terres et appartenances de Crèvecœur, Arleux, Rumilly, Saint-Soupplet et chastellenie de Cambray; et que les commis ayant desja vacquez à l'instance, widange et décision du procès et différend....... se trouveront au jour de saint Martin prochain à Cambray pour le déterminer; et, s'ils ne se peuvent accorder, se joindra avecq eulx un personnage non suspect qui sera choisy par les commis à la pacification d'entre le royaume de France et le pays ci-dessus mentionnez; et sera tenu ledict commissaire adjoinct jurer aux sainctes évangilles de Dieu....... et de loyaument entendre à ladicte décision et sans faveur de l'une ou de l'autre partie » (1).

Dans l'assemblée tenue en vertu de cet article le 11 novembre 1544, les commissaires nommés par les parties ne purent se mettre d'accord, et il fut décidé en conséquence et conformément à la clause ci-dessus, que la difficulté serait soumise à un haut personnage qui serait chargé de la trancher définitivement. C'est ce qui fut arrêté dans les conventions additionnelles du 16 janvier 1545, conclues entre les commissaires des deux monarques, en exécution du traité de Crépy, en ce qui concernait les limites à fixer entre le royaume de France, le comté de Bourgogne et les Pays-Bas. Le dernier article de cette convention porte en effet : « Finalement sur ce que les commissaires du roi ont remontré, d'autant qu'en l'assemblée faite pour vuider le différend de la terre de Crèvecœur, soit à considérer qu'il a été par ci-devant accordé entre lesdits sieurs que si les quatre députés nommés par eux pour vuider icelui différend, ne se pouvoient accorder, le roi d'Angleterre étant alors allié commun, seroit pris pour cinquième, on en éliroit un, ce qui est arrivé; au moyen de quoy ledit seigneur roy (de France) envoia dès lors sa production devant le roi d'An-

---

(1) Cet extrait est suivi de la mention suivante : « Concordé aux registres des traictez de paix retenu au conseil d'Arthois, tesmoing le greffier dudict conseil soubsigné. Ainsy signé : Buisine avec un paraphe. Dessoubz estoit escript ce que s'ensuit : Collationné et trouvé concorder à l'extraict original pardevant les hommes de fief dénommez en l'assemblée du quatorziesme de ce présent mois et en présence du procureur du sieur baron de Crèvecœur le quinziesme du mois de juing an 1638. Tesmoin ainsy signé: A. Labbe, avecq paraphe. Il est aussy à la coppie de l'extraict susdict exhibé de la part dudict baron de Licques. Tesmoin : plus bas estoit signé : A. Labbe, avec paraphe ».

gleterre ou celui qui avoit été par lui élu pour cinquième; depuis lequel temps est ladicte production demeurée par delà, au moyen de quoi, par la pratique commune et attendu les occasions présentes, est raisonnable que le seigneur de Bèvres, demandeur originel en la cour de parlement de Paris contre le procureur général, deffendeur, et de laquelle cour il a fait évoquer le procès audit lieu de Cambrai, fasse la diligence de recouvrer ladite production, laquelle il recouvrera aisément; lesdits commissaires de l'empereur ont répondu qu'ils avertiront volontiers ledit sieur de Bèvres de ce que dessus, combien qu'il se trouvera que le superarbitre en Angleterre refusa la charge de connoître et décider ledit affaire; et partant ledit sieur de Bèvres retira son sac; ce qu'il est vraisemblable avoir aussi fait le procureur dudit sieur roi. Parquoy, sans s'arrêter à cette excuse d'Angleterre, sera bien de faire chercher ailleurs à diligence les sacs dudit procureur afin qu'au jour qui est assigné ici au vingt-quatrième de ce mois, les commissaires députés *hinc inde* par lesdits princes sur cette affaire, ne perdent temps et fassent dépense inutile aux parties. Signé : de Lalain, P. Tingri, G. Hangouart » (1).

Ce fut l'évêque de Londres que le roi d'Angleterre désigna comme superarbitre avec l'agrément des parties. Mais il déclina cette mission alléguant son incompétence à cause de la gravité de la question à résoudre et de la haute situation des parties, ainsi qu'il résulte du procès-verbal de la réunion des commissaires tenue au palais épiscopal de Cambrai le 26 janvier 1545 (2).

Les choses continuèrent donc à rester en l'état, c'est-à-dire que la question de la propriété de Crèvecœur demeura indécise et que la possession continua à en être disputée par les deux adversaires. Maximilien de Bourgogne saisit naturellement l'occasion que lui offrit l'ouverture des hostilités entre la France et l'Empire, en 1552, pour recouvrer par la force ses prétendus droits que reconnurent des lettres patentes de Charles-Quint en date du 22 décembre 1553. « Considérant, disent-elles, que le commis dudit roy de France ayant tousjours re-

(1) Dumont, *Corps diplomatique*, tome IV, partie II, p. 294-295.
(2) Archives du Nord, série E. Fonds de Crèvecœur. Portef. nº 5.

tardé et empeschié l'issue dudit procès, seroit demeuré en son usurpation injuste et inique ; et il soit que le roy moderne de France (Henri II) ayt puis naguère enfrainct la neutralité dudit pays de Cambrésis, ayant exercé en iceluy toutes sortes d'hostilitez, despopulant le plat pays, bruslant, gastant et ruynant tout ce qu'il a peu, aussy emmenant et tuant plusieurs subjectz dudict pays et mesmement s'essforche de mectre le siège devant la ville de Cambray que luy a esté empesché par l'ordre que y avons mis ; pour lesquelz actz d'hostilitez ledict roy et ses subjectz ont fourfaict et commis vers nous touttes les terres, seignouryes qu'ilz ont ès mettes dudict pays de Cambrésis, et mesmement le droict sy le dict roy en avoit aulcun ès dictes terres, chasteaux, fiefs et seignouryes dudict Crèvecœur et aultres ». En conséquence l'Empereur restitue et remet son cousin de Bèvres en la possession et jouissance desdictes villes, terres, châteaux et seigneuries avec toutes leurs dépendances et appartenances, sans y rien réserver, excepté le ressort et souverainetés accoutumés, et au surplus le droit du Saint-Empire et le sien, mandant aux bailli, hommes de fief et à tous autres officiers de Cambrai et Cambrésis, à qui cela appartient, de remettre ledit sieur de Bèvres en la possession et jouissance desdites terres (1).

Munis de ces lettres patentes, noble seigneur messire François de Warluzel, chevalier, seigneur dudit lieu et de Berthencourt, maître Christophe d'Asonville, licencié ès-droits, et Antoine Paul se présentèrent, comme procureurs et au nom de Maximilien de Bourgogne, le 21 février 1554 (n. st.), aux hommes de fief, échevins des terres et seigneuries de Crèvecœur et Rumilly et aux notaires apostoliques et impériaux J. Moreau et N. Outreman. Là, dans le château de Crèvecœur, le sire de Warluzel fit appeler et convoquer devant lui, les officiers, hommes de fief, prévôt, échevins, manants et habitants de la ville et seigneurie de Crèvecœur, parmi lesquels se trouvaient Mahieu de le Mer, capitaine dudit lieu, commis de la part de messire de Bugnicourt, capitaine de la citadelle de Cambrai, sire Philippe Templeux, religieux de Saint-Aubert de Cambrai, curé de Crèvecœur, Jean Le Riche, Vincent Gavereau, Jean Lefebvre,

---

(1) Archives du Nord, série E. Fonds de Crèvecœur. Portef. nº 5.

Pierre Damas, Adrien Gavereau, hommes de fief de la seigneurie, Jean Prud'homme, Jean Martel, Jean Collart, échevins de la ville, Simon Thomas, capitaine élu par la communauté des manants et habitants, accompagnés de plusieurs autres de ces derniers, représentants de la commune, de la ville et seigneurie, qui déclarèrent que les bailli, prévôt, receveur, sergents, greffier, procureur d'office et autres officiers étaient absents, ne résidant pas, d'ailleurs, ordinairement audit lieu, à cause de la proximité des Français, mais à Cambrai et ailleurs. Christophe d'Asonville donna alors lecture des lettres patentes de l'Empereur et déclara que le sire de Bèvres avait été reçu *à relief* et tenu pour homme de fief par Jérôme de Hennin, bailli du Cambrésis, par des lettres patentes du 23 janvier 1554 (n. st.), produites aussi par les notaires. Ensuite, le sire de Warluzel, au nom du sire de Bèvres, fit *appréhension réelle et actuelle* desdites villes, châteaux, terres et seigneuries de Crèvecœur et dépendances, parmi lesquelles les ville, terre et seigneurie d'Arleux, membre dudit Crèvecœur, sont comprises, ainsi que ledit fief se comprend et s'étend, sans rien en réserver, ni retenir, pour jouir de tous les fruits, profits et émoluments comme faisait ledit seigneur au jour de la spoliation; il somma les officiers présents et absents d'avoir à cesser tous exercice, exploits, actes de justice et œuvres de leur office, chacun en ce qui le concerne, leur signifiant même qu'en vertu de ses pouvoirs il les révoquait de leurs charges, administrations et offices et déclarant qu'il commettrait tels nouveaux officiers pour maintenir ladite seigneurie qu'il trouverait convenir pour le service du seigneur, l'utilité de sa terre et le repos de ses sujets; il leur demanda, en outre, d'avoir à reconnaître le sire de Bèvres pour leur seigneur direct et immédiat et non un autre, et en conséquence, de lui rendre tous droits et devoirs requis, tels que serments de fidélité et hommages, rapports et dénombrements, paiements des cens, rentes et revenus à son receveur ou commis, obéissance à lui et à ses bailli et officiers, comme le vassal est tenu d'agir vis-à-vis de son seigneur direct. Comme l'intention du sire de Bèvres était de destituer tous les officiers occupant actuellement des charges dans la seigneurie et de casser ceux qui s'étaient ingérés de les exercer sous l'autorité du seigneur de la

Hargerie, détenteur injuste desdites terres, le sire de Warluzel déclara qu'il les révoquait incontinent et que leur destitution leur serait notifiée parlant à leur personne ou à leur domicile à Cambrai, faisant, en outre, commandement « à iceulx assemblez que nul ne fut tel ni si hardy de troubler ledit seigneur en aucun ses droix, haulteurs, prééminences, auctoritez, juridictions et possessions, ains que chacun eust à lui obéir comme à son seigneur et ainsi que Sa Majesté le commandoit par ses lettres patentes, aux peines qui contre les délinquans et désobéissans pourroient être advisez ».

Après ces déclarations, les curé, hommes de fief, échevins, manants et habitants répondirent unanimement qu'ils feraient ce qui venait de leur être signifié, obéiraient au seigneur de Bèvres, à ses bailli et officiers, et, en conséquence, prêtèrent serment solennel entre les mains du siré de Warluzel, en présence des notaires apostoliques, et jurèrent d'être bons vassaux, sujets et serviteurs dudit seigneur, de ne faire, ni procurer aucune chose contre son honneur, état et profit; bien plus, pour le cas où ils auraient connaissance de quelque chose pouvant lui être contraire, de l'en prévenir lui ou ses officiers; enfin de lui porter telle obéissance et tel devoir que vassal, sujet ou résident sous la seigneurie d'autrui sont tenus de faire à l'égard de leur seigneur.

En témoignage et à l'appui de leur déclaration, ils demandèrent au sire de Bèvres, amiral de la mer, de leur faire à l'occasion de sa bienvenue en sa terre, ville et château de Crèvecœur, « quelque gratuité et libéralité pour la délivrance de Guillaume Courtine, bourgeois, manant et habitant de cette ville, lequel auroit esté constitué prisonnier, de présent détenu en la ville de Péronne, à l'arrivée du camp des François audit lieu au mois d'aougst dernier, et lequel ne se seroit volu rendre françois, de ce sollicité et poursuivy; pour raison de quoy et affin de parvenir à la délivrance dudit prisonnier ont esté donnez pour ledit seigneur quatre escus dont lesdis habitans ont humblement remerchié ledit seigneur ».

En outre, il fut dit et recommandé au capitaine qu'il fît bonne et soigneuse garde de la place qui lui était confiée par messire de Bugnicourt sous l'autorité de l'Empereur. On lui demanda qui avait les clefs de la prison; il déclara que c'était lui et il fut continué dans l'office de gardien des prisonniers sous l'autorité du seigneur de Bèvres à qui la justice de Crèvecœur appartenait; ce qu'il accepta, promettant de s'acquitter bien et loyalement de sa charge.

Le sire de Warluzel, assisté toujours des maîtres d'Asonville et Paul et des notaires apostoliques et impériaux, se rendit ensuite à Rumilly, et sur la place du village, « tant pour ledit lieu de Rumilly que pour Saint-Souplet, membre dudit Rumilly, et leurs dépendances », il fit convoquer les hommes de fief et les échevins. Là se trouvèrent Jean de Boubais, homme de fief et maire de la seigneurie, Nicolas, greffier, Jean le Riche, homme de fief, Antoine Estiennet, échevin, Simon Guiddé, Eustache Bertin, Antoine Charlet, Jean de Boubais l'aîné et quelques autres manants et habitants de Rumilly, représentant ledit village, « pour autant que ne se sont peu trouver plus grand nombre des habitants à cause de la totale et enthière ruyne par le feu faict ou mois d'aougst dernier, par le camp desdits Franchois, en sorte qu'il ne seroit demeuré église, ne maison ». On fit les mêmes lectures et déclarations qu'à Crèvecœur, à la suite desquelles les maire, échevins, hommes de fief et habitants annoncèrent qu'ils étaient prêts à obéir à leur nouveau seigneur. Jean de Boubais ajouta même à haute voix « qu'il veoit ledit seigneur de Bèvres joyr de son bien, comme il avoit veu joyr messire Adolphe de Bourgogne, père dudict seigneur moderne ».

Enfin il fut fait à Cambrai signification à Robert Poulain, receveur, au nom et pour le compte du sire de la Hargerie, du droit d'afforage sur les vins amenés, déchargés et estaplés à Cambrai, dont un tiers revenait au châtelain de ladite ville, de n'avoir plus à l'avenir à percevoir ledit droit, mais de le laisser recueillir par les commis du sire de Bèvres (1).

Il résulte des renseignements qui se dégagent de ce document, qu'en 1554, les troupes françaises avaient été débusquées de Crèvecœur qui fut réoccupé par les partisans du sire de Bèvres, et que celui-ci en recouvra la seigneurie dont il continua à être investi jusqu'en 1559. Mais le 3 avril de cette

______

(1) Archives du Nord, série E. Collection Delattre. Fonds de Crèvecœur, liasse 5.

année, le traité du Câteau-Cambrésis vint y rétablir l'autorité
du roi de France, dont le fils aîné reçut alors, au moins à
titre provisoire, la possession de la terre de Crèvecœur. Voici,
en effet, ce qui fut stipulé dans ce traité : « Le roi Daufin
entrera, le jour de la publication de ce présent traité, en la
possession de la seigneurie de Crèvecœur, ses appartenances
et dépendances, pour en jouir comme il faisoit auparavant la
guerre ; sans préjudice toutefois du droit de possession et de
propriété prétendue par le sieur de Cruninghem, héritier du feu
sieur de Bèvres, dernier décédé, lequel sera réintégré aux droits
et actions qu'avoient feu messire Adolphe de Bourgogne, père,
et ledit sieur de Bèvres, fils, auxdits châteaux, terres et appartenances de Crèvecœur, Herleux (Arleux), Rumilly, Saint-
Souplet et châtellenie de Cambrai, et que les commis ayant
déjà vaqué à l'instruction, vuidange et décision du procès et
différend ou autres se trouveront au premier jour d'aoust en
ce lieu de Câteau-Cambrésis, pour le déterminer; et s'ils ne
s'en peuvent accorder, se adjoindra avec eux un personnage
non suspect qui sera choisi par les commis à la publication sur
le fait des limites dont en ce traité se fait mention. Et sera tenu
ledit commis qui s'adjoindra, jurer aux Saints Évangiles de
Dieu, de bien et loiaument entendre à ladite décision et sans
faveur de l'une ou l'autre des parties » (1).

Jacqueline de Bourgogne, sœur et héritière de Maximilien
de Bourgogne, décédé en 1558 sans enfants, obéit aux ordres
de Philippe II et remit Crèvecœur aux Français sous la promesse que l'affaire serait décidée au mois d'août suivant, conformément à la clause du traité du Câteau-Cambrésis. Mais les
commissaires se réunirent seulement au mois de mars 1561.
Ils ne purent se mettre d'accord, et ceux représentant la France
refusèrent même de nommer le superarbitre sans avoir pris
préalablement l'avis de leur souverain. A la faveur de ce prétexte, ils se retirèrent, après avoir promis toutefois de se réunir
à une date ultérieure qui fut fixée; ce qu'ils se gardèrent bien
de faire et de cette manière la question de la propriété de Crèvecœur resta toujours indécise, tandis que la France continuait
à posséder cette seigneurie.

(1) Dumont, *Corps diplomatique*, tome V, partie 1, p. 35-36.

C'est ce qu'explique Maximilien de Cruninghem, fils et héritier de Jacqueline de Bourgogne, dans un mémoire qu'il adressa au roi de France Henri IV, le 21 avril 1598, au moment où les plénipotentiaires français et espagnols débattaient les conditions de la paix entre les deux couronnes, consacrée par le traité de Vervins le 2 mai suivant. Il expose dans cette requête que Louis XI par des lettres patentes, datées du mois de mars 1469, avait donné, de sa pleine puissance et autorité royales, à Antoine, comte de La Roche, fils bâtard du duc de Bourgogne Philippe le Bon, les terres et seigneuries de Crèvecœur, Rumilly et la châtellenie de Cambrai, avec leurs dépendances Arleux et Saint-Souplet, en récompense des grands et louables services rendus par lui en plusieurs grandes affaires, pour les posséder lui et ses héritiers *héréditablement* et perpétuellement, en jouir, *faire* et disposer comme de ses propres biens, tout en en rendant les devoirs d'hommage au seigneur suzerain dont ces fiefs relevaient et qui était l'évêque de Cambrai, à cause de la temporalité de cet évêché. Le roi de France constitua par acte du 16 mars 1469, comme son procureur, Nicolas Thouart, lieutenant du Tournésis, à l'effet de comparoir devant la cour féodale de l'évêque, et, au nom de Sa Majesté, se dessaisir de ces terres au profit du comte de La Roche. Ce dernier par sentence solennelle de la cour féodale en fut saisi et investi *héréditablement* et de plein droit par lettres du 4 juillet 1469. En conséquence, il posséda ces terres et seigneuries paisiblement pendant sa vie, et, après lui, son fils et successeur Adolphe de Bourgogne en conserva la jouissance jusqu'à l'année 1506, où le seigneur de Gruthüsen, lieutenant du roi de France en Picardie, « à port d'armes l'en déjecta par force et contre droict, » quoique Adolphe de Bourgogne fût à cette époque mineur et absent, se trouvant en Espagne. Bien que depuis cette époque il eût fait les plus grandes instances pour être rétabli dans ses droits, il ne put obtenir satisfaction, tant à cause de sa minorité que par suite des guerres qui éclatèrent entre les princes. Mais après sa mort, son fils Maximilien fut, en 1543, réintégré dans la possession de Crèvecœur par l'empereur Charles-Quint. Étant mort sans postérité en juin 1558, la seigneurie de Crèvecœur et ses dépendances furent reprises en fief et possédées par sa sœur et héritière Jacqueline de Bourgogne, dame de Cruninghem, mère du suppliant Maximilien de Cruninghem. Elle la conserva et en jouit sans difficulté jusqu'au mois de juin 1559.

Maximilien de Cruninghem explique alors dans son mémoire comment, ainsi que nous l'avons dit plus haut, sa mère abondonna la possession de Crèvecœur, sur l'ordre du roi d'Espagne, sans renoncer toutefois à ses droits de propriété, et comment les commissaires désignés pour décider à qui la propriété en revenait légalement, ne purent se mettre d'accord dans la conférence qu'ils tinrent à cet effet au mois de mars 1561. Il ne put donc obtenir aucune satisfaction, tant à cause de son jeune âge, car il était né en 1555, que par suite du décès du roi Henri II et des guerres qui ont sévi presque continuellement en France et dans les Pays-Bas. Il conclut enfin en disant que les seigneuries réclamées par lui, lui appartiennent de plein droit et que le débat n'a d'autre fondement que la jalousie et les continuelles dissensions des princes ; — que ses ancêtres furent vassaux de la maison de Bourgogne, ayant suivi le parti contraire à la couronne de France et qu'on n'a combattu leurs droits que pour ce seul motif, et parce que ces seigneuries étant incorporées à la couronne et devenues frontières servant à la défense du Royaume, ne pouvaient en être séparées. Mais on peut opposer à cette thèse plusieurs graves objections, entre autres que ces seigneuries ne dépendaient pas de la couronne, mais du comté de Cambrésis, duquel le roi Louis XI les avait tenues en fief et hommage. Le différend soulevé au sujet de leur propriété paraissait donc motivé par « quelques considérations politiques », parce que ces seigneuries furent « applicquées à la frontière de Bourgogne avec dommage à la couronne de France ». Mais ces raisons d'ordre politique n'existaient plus maintenant, car le suppliant avait depuis plus de vingt ans suivi sans interruption le parti des États Généraux des Pays-Bas en hostilité avec le roi d'Espagne, et il était fermement résolu à continuer de les maintenir à jamais sous l'alliance perpétuelle conclue entre la France et ces États. Aussi Sa Majesté pouvait être assurée que s'il était rétabli dans ses droits de propriété sur ces seigneuries, celles-ci ne seraient jamais séparées de la couronne de France, ni « appliquées à partie contraire à icelle. D'ailleurs, pour plus grande

assurance de cette promesse, il s'estimerait très heureux de
pouvoir en rendre hommage à Sa Majesté le roi de France en
lui prêtant serment de fidélité » (1).

Mais les réclamations et les protestations intéressées de dé-
vouement de Maximilien de Cruninghem n'eurent aucun succès.
Le traité de Vervins est complètement muet à l'égard de ses
prétentions qui n'eurent pas même l'honneur d'y être platoni-
quement consignées comme l'avaient été celles de ses prédécesseurs dans ceux de Madrid, de Cambrai, de Crépy, et du
Câteau-Cambrésis. Non-seulement la simple possession , mais
la propriété même de Crèvecœur ne semblent plus contestées.à
la France.

D'après une note généalogique du fonds de Crèvecœur (2),
Maximilien de Cruninghem serait mort à Heuvbliet au mois de
janvier ou de février 1612, à l'âge de 58 ou 59 ans, laissant
un fils et une fille Louise de Cruninghem. Celle-ci épousa
Georges de Montmorency, baron de Croisilles. Par un acte des
17 et 21 mai 1610, ces derniers avaient déclaré qu'ils ne pouvaient, ni voulaient prétendre « aulcun droict aux biens de
Crèvecœur, Arleux, Rumilly, Saint-Souplet et chastellenie de
Cambray, par quelle voye que ce soit, fust par testament, *ab
intestat*, relief ou procédure faicte ou à faire, ny aussy à tous
biens, fiefs, alleux et généralement, scituez en Hollande, Zee-
lande, ny ailleurs, procédans de nos ancestres et maïeurs,
excepté la rente de Wassenaëre ; et que si aulcun droict nous
fust par le passé acquis d'icellui, nous, de nostre plein droict,
dévestons en la meilleure fourme et manière que se peult,
remectant le tout, si aulcune chose nous peult, pouvoit ou
poldroit compéter, entre les mains de Monsieur de Cruninghem,
nostre beau-frère et frère, respectivement comme à luy appartenant primitivement » (3).

(1) Archives du Nord, série E. Fonds de Crèvecœur. Portef. 4.
(2) *Idem, ibidem.*
(3) *Idem, ibidem.*

III.

Avant de montrer comment la terre de Crèvecœur revint plus tard aux héritiers de Jacqueline de Bourgogne, nous devons dire quelques mots des baillis et capitaines de Crèvecœur institués par le roi de France, ainsi que des seigneurs à qui ils engagèrent cette terre, tout en s'en réservant le domaine supérieur.

Lorsque les troupes de Louis XII s'emparèrent de Crèvecœur en 1506, Adrien de Longueval, écuyer, seigneur de Baux, en était gouverneur, capitaine et bailli au nom d'Antoine de Bourgogne, en même temps que d'Arleux, Rumilly et Saint-Souplet. Il fut alors remplacé par François de Raisse, chevalier, seigneur de La Hargerie, qui prit possession de ces terres et présida à leur gouvernement et administration pour le compte du roi de France. Ce fut lui qui défendit Crèvecœur en 1524, quand les Anglais et les Impériaux vinrent y camper pendant trois semaines après avoir ravagé la Picardie. Ils en furent chassés par les troupes françaises le 18 juillet de la même année. François de La Hargerie eut aussi l'honneur d'y recevoir, le 4 juillet 1529, Louise de Savoie, mère de François Ier, se rendant à Cambrai pour négocier avec Marguerite d'Autriche la paix, dite *paix des dames*. On le voit en 1531 fonder une messe à célébrer perpétuellement dans l'église paroissiale (1).

Le 26 octobre 1538, François Ier prenant en considération les bons, grands et louables services que lui avait rendus son amé et féal conseiller et maître d'hôtel, François de Raisse, chevalier, seigneur de La Hargerie, « tant au fait des guerres en son dit état et office qu'en plusieurs charges et commissions importantes dont il s'est vertueusement acquitté »; espérant d'un autre côté que son féal et amé Louis d'Ongnye, seigneur de Chaulnes, aussi chevalier, écuyer d'écurie de la Reine et gendre dudit seigneur de La Hargerie, imitera ces exemples comme il a déjà, d'ailleurs, commencé à le faire, octroya à ce

_____

(1) Archives du Nord, série E. Fonds de Crèvecœur. Portef. 5.

dernier les états et offices de gouverneur, bailli et capitaine de Crèvecœur, « que a par ci-devant tenus, exercés, tient et exerce encore de présent ledit sieur de La Hargerie, lequel, de nos vouloirs et consentement s'en est ce jourd'huy desmis, et iceux résignez en nos mains au proffit dudit sieur de Chaulnes, son gendre, à condition toutefois de la survivance d'eulx deux ; pour les dits états et offices, avoir, tenir et doresenavant exercer par lesdits sieurs de La Hargerie et de Chaulnes et par le survivant d'eulx deux, et l'un en l'absence de l'autre, aux honneurs, authorité, privilèges, prérogatives, prééminences, franchises, libertés, gaiges, droits, gects, proffits et émolumens accoustumez et qui y appartiennent tant qu'il nous plaira ». Cette donation fut confirmée par Henri II, le 5 octobre 1547 (1).

D'après une chronique manuscrite de la bibliothèque de Cambrai, un incendie accidentel aurait, en 1544, dévasté Crèvecœur. « En che l'an 1543 (1544 n. st), y lit-on, environ le my-mars, il y eut grand feu à Crèvecœur ; l'église et bien la moitié de la ville furent toutes brûlées » (2). Au mois de novembre suivant, Charles-Quint se retira à Crèvecœur pour y rester quelques jours (3). C'est alors qu'il ordonna la démolition des fortifications dont la ville avait été entourée pendant l'occupation française. Les matériaux provenant des remparts et des tours renversés furent employés à la construction de la la citadelle de Cambrai.

Quand dix ans plus tard les hostilités reprirent entre les deux couronnes, Henri II, cherchant à s'emparer de Cambrai, dirigea son armée vers Crèvecœur où il établit son camp le 12 septembre 1553. Cette armée était commandée par le connétable de Montmorency et l'amiral Coligny. Après avoir incendié les faubourgs de Saint-Ladre, de Saint-Georges, du Saint-Sépulcre et de Cantimpré, ainsi que l'abbaye de ce nom, les troupes du camp quittèrent Crèvecœur, le mardi 22 septembre, de dix heures à minuit, se dirigeant vers la ville du Câteau, car le roi de France avait pensé que la prudence lui comman-

---

(1) Archives du Nord, série E. Fonds de Crèvecœur. Portef. 5.
(2) Manuscrit n° 884, p. 115.
(3) A. Bruyelle. *Notice sur Crèvecœur, loc. cit.*, p. 330-331.

daït de ne pas attaquer Cambrai dont la garnison venait d'être renforcée (1).

Henri II campa quelque temps au Câteau et tenta vainement de livrer bataille à l'Empereur dans les environs de Valenciennes; puis il revint à Crèvecœur l'année suivante, c'est-à-dire en 1554. Il s'y établit, après peu de résistance, le 27 juillet. Le lendemain, six enseignes de Namurois, comprenant 1,000 à 1,200 hommes, tant cavaliers que fantassins, achevèrent la démolition du château, ainsi que celle de celui de Lesdain et de plusieurs autres seigneuries des environs (2).

Crèvecœur étant resté à la France en vertu du traité de Câteau-Cambrésis, par un acte passé le 27 septembre 1578 devant le grand-prévôt de l'hôtel du Roi, juge, gardien et conservateur du sceau royal créé, ordonné et établi pour les actes passés en la cour de Sa Majesté le roi de France, Jean Chesneau et René Brun, notaires et tabellions dudit seigneur en sa dite cour, Mgr René, cardinal de Birague, chancelier de France, messires Hurault, sieur de Cheverny, Henry de Mesmes, sieur de Boissy, Pomponne et Belièvre, nobles hommes Benoît Mylon et Étienne de Bray, conseillers et intendants des finances de Sa Majesté, au nom de cette dernière, se portant forts pour elle et promettant de lui faire ratifier cette vente qui sera enregistrée au Parlement, à la Chambre des comptes et ailleurs, vendirent, cédèrent, quittèrent, transportèrent et délaissèrent, dès maintenant à toujours perpétuellement, à noble homme Simon Massey, gentilhomme servant de Monseigneur, fils de France, frère unique du roi (le duc d'Alençon), acceptant pour lui et ses ayants cause à l'avenir, la terre, seigneurie, châtellenie et baronnie de Crèvecœur en Cambrésis, consistant en ville, château, terres, près, bois, étangs, moulins, cens, rentes, droits et devoirs seigneuriaux avec tous les autres droits de propriété, *noms, raisons et actions* qui pouvaient appartenir à Sa Majesté en ladite baronnie de Crèvecœur, circonstances et dépendances; sans en rien retenir, pour en jouir, user et disposer, lui et ses héritiers et ayants cause comme de sa propre chose, vrai et royal acquêt. Cette vente est faite sous la condition que ledit Massey payera et acquittera les droits et

____

(1) A. Bruyelle. *Notice sur Crèvecœur, loc. cit.*, p. 330-331.
(2) *Idem*, *ibidem*, p. 353.

devoirs dont ladite baronnie et ses dépendances se trouvent chargées envers ceux à qui ils sont dus et d'en libérer Sa Majesté ; et, en outre, moyennant le prix de 25,000 écus au soleil, somme que ledit Massey a payée comptant au trésorier de l'épargne, maître Claude Garrault (1).

Le 9 novembre suivant, l'acheteur Simon Massey déclara devant les notaires royaux au Châtelet à Paris, Jourdain et Marchant, qu'il avait fait l'acquisition de la terre de Crèvecœur, des deniers et au profit de messire François d'Espinay, seigneur de Saint-Luc, qu'il a *dénommé* pour son commant (2).

Ce François d'Espinay, surnommé d'après Moreri, le brave Saint-Luc, fut chevalier des ordres du Roi, gouverneur de Saintonge et de Brouage, lieutenant-général du gouvernement de Bretagne, devint grand-maître de l'artillerie de France en 1596, puis plus tard maréchal. Il est dit quelques mots de ce personnage dans la fameuse pièce satirique : *l'île des Hermaphrodites* (3), ainsi que dans la chronique de l'Étoile où il figure parmi les mignons de Henri III. Brantôme lui donne de grands éloges. Parlant de Philibert de la Guiche, grand-maître de l'artillerie, il dit : « après lui, l'a été M. de Saint-Luc, très gentil et accompli cavalier en tout s'il en fut un à la cour et qui est mort au siège d'Amiens, très regretté et en réputation d'un très grave, vaillant et bon capitaine. Il se trouva l'an 1587 à la bataille de Coutras, s'y distingua par sa bravoure et fut fait prisonnier. Depuis, il servit encore au siège d'Espernai, de Paris, de Laon, de La Fère et ailleurs. Le roi Henri IV le fit chevalier de ses ordres le 7 janvier 1595 et grand-maître de l'artillerie le 5 septembre 1596 ; il fut tué au siège d'Amiens le 8 septembre 1597. » François d'Espinay, d'après Le Charpentier, n'était pas seulement brave ; il était bien fait de sa personne, honnête, généreux, obligeant et avait un esprit brillant, aisé, délicat et que rien ne rebutait. Ces grandes qualités l'auraient rendu cher au roi Henri III qui récompensa ses services en lui cédant la terre de Crèvecœur (4).

---

(1) Archives du Nord, série E. Fonds de Crèvecœur. Portef. 5.

(2) *Idem, ibidem.*

(3) D'Aubigné, *Histoire universelle*, t. I, p. 323, *l'Etoile*, t. II.

(4) Ainsi que nous l'avons vu plus haut cette cession ne fut pas faite à titre purement gratuit, puisque François de Saint-Luc paya la terre de Crèvecœur 25,000 écus.

qui comme pays-frontière ne pouvait être placée en de meilleures mains pour être défendue contre les incursions ennemies. Cependant plus tard il tomba en disgrâce auprès de ce prince, à la suite, dit-on, de son mariage avec Jeanne de Brissac qui était laide et bossue. Il se retira dans son gouvernement de Brouage et composa dans cette solitude un recueil d'*Observations militaires* dont le manuscrit est conservé à la Bibliothèque Nationale. Il est aussi l'auteur de poésies vantées par Scévole de Sainte-Marthe dans l'éloge qu'il fit de François de Saint-Luc. De son mariage avec Jeanne de Brissac, il eut, entre autres enfants, Timoléon qui porta les armes avec honneur aux sièges de La Fère et d'Amiens, succéda à son père dans le gouvernement de Brouage et accompagna, en 1603, Sully dans son ambassade à Londres. Nommé maréchal de camp en 1617 et vice-amiral en 1622, il contribua aux avantages remportés sur la flotte des Rochelais et obligea Soubise à évacuer l'île de Ré après lui avoir tué 800 hommes. S'étant démis en faveur de Richelieu du gouvernement de Brouage, il reçut en compensation la lieutenance générale de la Guienne et le bâton de maréchal le 30 janvier 1627. Tallemant des Réaux dit quelques mots de ce personnage dans l'historiette consacrée à Mesdames de Rohan (1). Ce fut lui qui, comme nous le verrons plus loin, vendit la terre de Crèvecœur, en 1613, à Jean d'Anneux, seigneur d'Abancourt.

Par des lettres patentes datées d'Ollainville le 12 novembre 1578, Henri III ratifia et confirma la vente faite à François d'Epinay, sire de Saint-Luc; puis, le 16, il déclara que, par les mots *circonstances*, *dépendances* et *appartenances* figurant dans le contrat, il fallait entendre trois fiefs nobles et liges, à relief de cheval et d'armes et 60 sols cambrisiens de chambellage chacun, quand le cas échoit, consistant dans les membres suivants : 1° le premier constitué par les fiefs des villes, terres, châteaux, juridictions, seigneuries et dépendances de Crèvecœur et Arleux; 2° le second en la pairie, terres et seigneuries avec leurs appartenances et dépendances de Rumilly et Saint-Souplet avec toute juridiction et seigneurie haute, moyenne et basse, arrière-fiefs tant nobles, liges, demi-liges qu'à

____

(1) Tome V de l'édition Monmerqué, p. 4 et 19 et à la note.

simple hommage ainsi que plusieurs droits, revenus et rentes en grains et en argent, chapons, corvées, tant de chevaux que de bras provenant des terres labourables, bois, viviers, prés, moulins, foins, vinages et autrement; 3° le troisième consistant en la châtellenie de Cambrai comprenant 4 marcs d'argent pour le tiers des amendes et un droit de tonlieu à lever sur les vins amenés à l'étape de ladite ville. Comme, d'après la coutume du pays, on ne pouvait transporter la propriété d'un héritage qu'en accomplissant les devoirs de loi de déshéritance et de dessaisine par un rapport solennel devant les gens de fief mettant la main à la verge ou bâton, et qu'on ne pouvait vendre un fief sans l'avoir auparavant relevé, Sa Majesté constitua et établit François de La Haye, seigneur du Mont, capitaine d'une compagnie de gens de pied au régiment de Picardie, pour son procureur général et spécial, lui donnant plein pouvoir, autorité et mandement spécial, absolu et irrévocable de comparaître en son nom devant l'archevêque de Cambrai ou son bailli de Cambrésis pour y relever et *droicturer* selon la coutume du pays les trois fiefs vendus au seigneur d'Epinay. Cette reprise de fief eut lieu le même jour, 16 novembre 1578, entre les mains de François de Wauquetin, bailli de Cambrésis, par devant lequel personnage, assisté de quatre hommes de fief du comté de Cambrésis et de la haute cour du palais archiépiscopal de Cambrai, le roi et la reine complétèrent, le 18 novembre, la vente par devoir de loi (1).

Charles d'Ongnies, chevalier de l'ordre du Roi, comte de Chaulnes, avait prétendu s'élever contre ladite vente, alléguant que par suite « dela concession des rois qui ont cy-devant esté depuis le roy Louis douziesme jusques à présent, tant le feu seigneur de la Hargerie, son aïeul, le feu conte de Chaulnes son père que luy, en récompense de plusieurs bons et grandz services faictz à la couronne, auroient esté pourveuz en tiltre de l'estat de gouverneur et bailly ès terres et seigneuries de Crèvecœur, Arleux, Rumilly, Saint-Souplet et chastellenie de Cambray en Cambrésy, et leur auroit esté donné l'usuffruict desdictes terres, apartenánces et deppendances; ce qui auroit esté continué en la personne dudict messire Charles d'Ongnyes,

<hr>

(1) Archives du Nord, série E. Fonds de Crèvecœur. Portef. 4.

lequel auroit esté pourveu desdictz offices et en don dudict usufruict dès le cinquiesme jour d'aoust 1568, et depuis obtenu en l'an 1575 confirmation du roy à présent régnant ». Il soutenait que les concessions ainsi faites l'avaient été à titre onéreux comme récompense de services; que, par conséquent, il ne pouvait être privé desdits offices, ni dudit usufruit; que Sa Majesté n'avait vendu lesdites terres qu'à la charge de réserver l'usufruit et jouissance desdits offices.

Le sire de Saint-Luc répliquait que l'exécution réelle de son contrat ne saurait être empêchée par les prétentions du comte de Chaulnes qui, à tout événement, ne pouvait adresser ses réclamations ni aux terres, ni au sire de Saint-Luc, leur seigneur, mais à Sa Majesté, pour obtenir une compensation.

Le 13 décembre 1578 intervint un accord entre les deux parties, par lequel le comte de Chaulnes renonça au profit du sire de Saint-Luc à tous les droits, noms, raisons et actions qui lui pouvaient compéter et appartenir sur lesdites terres, tant à cause des offices de gouverneur et bailli que par suite de l'usufruit, sous la réserve de n'être tenu à aucune garantie, ni à aucune restitution de deniers; promettant, d'ailleurs, de remettre tous les titres, papiers et *enseignements* de ladite seigneurie, et cela, moyennant la rente annuelle et perpétuelle de 666 écus et deux tiers d'écu d'or au soleil, payable aux quatre termes de l'an accoutumés dont le premier tombera le 1er avril prochain (1579) et ainsi de suite; ladite rente rachetable pour la somme de 8,000 écus d'or au soleil, payable en un ou deux termes (1).

Le 26 mars 1579, François, fils de France, frère unique du roi, duc d'Anjou, d'Alençon, Touraine, Berry, etc., déclara qu'il n'élevait aucune prétention sur les fiefs acquis par le sire de Saint-Luc et qu'il ratifiait, au surplus, la vente qui lui en avait été faite (2).

D'après Delewarde (3), le prince de Parme, Alexandre Farnèse, s'empara de Crèvecœur en 1581. Il y établit un fort qui, joint à ceux élevés à Marcoing, à Vaucelles, à Lesdain et à Naves, tous garnis de bonnes troupes et d'artillerie, suffirent

(1) Archives du Nord, série E. Fonds de Crèvecœur. Portef. 4.
(2) *Idem, ibidem.*
(3) Hist. du Hainaut, Tome V, p. 241.

avec les postes avancés qui occupaient Sainte-Olle et la route de Valenciennes, pour bloquer complètement Cambrai. Une disette affreuse s'y fit bientôt sentir. Le pain y manqua tout à fait, la viande devint tellement rare que l'on en fut réduit à manger les chevaux, les chiens, les chats et les rats. Mais le 15 août 1581, le duc d'Anjou, par une marche habile, délivra Cambrai.

Le 8 août 1590, nouveau passage du duc de Parme à Crèvecœur, lorsqu'il se dirigeait sur Paris dont il fit lever le siège.

Ce fut par un acte passé à Paris, le 24 septembre 1613, que Timoléon d'Espinay, plus tard le maréchal de Saint-Luc, vendit les terres et seigneuries de Crèvecœur, Rumilly, Saint-Souplet et la châtellenie de Cambrai, à Jean d'Anneux, chevalier, seigneur d'Abancourt, Fontaine, etc., gouverneur des ville et château d'Avesnes. Mais celui-ci eut aussitôt à lutter contre les réclamations de la famille de Cruninghem qui saisit cette occasion pour faire valoir ses prétendus droits méconnus depuis près d'un siècle (1). On voit, en novembre 1631, le roi Louis XIII charger Hubert, secrétaire de la Chambre, son envoyé à Bruxelles, de présenter les observations suivantes à l'archiduchesse Isabelle Claire Eugénie. Par les traités de paix de 1559 et de 1598 et même par le dernier, disent les instructions données à Hubert, il est porté que le feu roi (Henri IV) entrerait en la possession de la seigneurie de Crèvecœur, ses appartenances et dépendances, sans préjudice du droit de propriété prétendu par le sieur de Cruninghem, et que les différends existant sur ce point seraient renvoyés devant les commissaires députés tant de la part du feu Roi que des Archiducs pour juger ceux demeurés indécis par les traités. En conséquence, les commissaires, par une ordonnance, datée de Saint-Riquier le 1er juin 1602, auraient ordonné que les parties en cause comparaîtraient devant eux, conformément à d'autres procédures commencées à Nieuport le 12 avril 1602, signées des feu seigneurs Jeannin et La Boderie et du sieur Richardot. Néanmoins, il est arrivé, au préjudice des traités, que le sieur de Croysil et la dame Louise de Cruninghem, son épouse, ont obtenu une commission du Grand Conseil de Malines, en vertu de la-

---

(1) Archives du Nord, série E. Fonds de Crèvecœur. Portef. 5.

quelle ils ont fait donner assignation au sieur de Saint-Luc, maréchal de France, pour raison de ladite terre de Crèvecœur, vendue par le feu roi Henri III au sieur de Massé qui en aurait fait déclaration de command au profit du père du maréchal. Celui-ci a supplié le Roi de faire arrêter ces poursuites faites contre la teneur des traités ou du moins de lui permettre d'en user de semblables à l'égard de ses adversaires. Le Roi jugeait donc nécessaire pour arrêter le cours de semblables poursuites que l'on nommât des commissaires de part et d'autre pour terminer ces différends. C'est ce qu'il chargeait son envoyé Hubert de faire entendre à l'Archiduchesse, sa tante, et à son conseil. Et comme on ne pouvait prendre connaissance de cette affaire et la terminer promptement; que, d'un autre côté, il était nécessaire d'arrêter le cours des poursuites, il lui ordonnait, en conséquence, de faire de sérieuses instances en son nom auprès de l'Infante pour qu'elle fasse surseoir le plus tôt possible à toutes les poursuites intentées ou à intenter à Malines à l'encontre du maréchal de Saint-Luc, à qui (si l'on venait à passer outre) il serait obligé de laisser le cours de sa justice libre pour se pourvoir contre ses adversaires par les mêmes moyens, ce qui serait, de part et d'autre, une contravention aux traités et pourrait apporter, en définitive, beaucoup de trouble et de confusion dans ces affaires, amener les parties l'une contre l'autre, ce qui est contraire à ses intentions et sans doute à celles du roi d'Espagne, son frère, et de l'Archiduchesse, sa tante. Le sieur Hubert devra donc prendre un soin particulier de cette affaire et informer Sa Majesté du résultat qu'il aura obtenu quant à la surséance demandée (1).

Un point qui reste inexpliqué dans le texte de ces instructions, c'est comment la terre de Crèvecœur ayant été vendue en 1613 à Jean d'Anneux, était encore en 1631, considérée comme appartenant au maréchal de Saint-Luc. Celui-ci avait-il été appelé en garantie par son acheteur que les prétentions du sire de Croisilles étaient venues troubler dans sa jouissance? Quoi qu'il en soit, le secrétaire de l'ambassade de France à Bruxelles pour satisfaire, dit-il, à ce qui lui était ordonné par

(1) Ces instructions sont datées de Château-Thierry, le 17 novembre 1631. Archives du Nord, série E. Fonds de Crèvecœur. Portef. 4.

sentence interlocutoire du 5 juillet 1631, produisit en original
les lettres du Roi, son maître, qui fournissaient les preuves de-
mandées par la sentence en question. Il requit en conséquence
« que, sur telle preuve faite, soit pourvu sur les conclusions qu'il
a prises dans le différend où la sentence interlocutoire avait
été rendue ». En marge de cette note du secrétaire d'ambassade, on lit : « Soit monstré au baron de Licques pour servir
de contredict à la pièce jointe. Fait à Bruxelles, le 16 d'aoust
1632 » (1).

Nous ne savons par quels moyens de procédure le maréchal
de Saint-Luc et ses héritiers furent mis hors de cause, mais le
débat sur la propriété de Crèvecœur et de ses dépendances
s'engagea devant la cour archiépiscopale de Cambrai et devant
le Grand Conseil de Malines entre Philippe d'Anneux, fils
de Jean d'Anneux, l'acquéreur de 1613, qui, outre les seigneuries d'Abancourt, Briath et Crèvecœur, possédait du chef
de sa mère Charlotte de Brabant, dite de Glines, celles de Wargny, Fontaines, Louvranges, etc., d'une part, et Philippe de
Licques, chevalier et baron dudit lieu, Boninghem, Auden-
thun, Roydelinghe, Risbourg, vicomte de Zélande, baron de
Cruninghem et s'intitulant aussi baron de Crèvecœur, seigneur
d'Arleux, Rumilly, Saint-Souplet, châtelain de Cambrai, du
Conseil de guerre de Sa Majesté et grand bailli des bois et
forêts du comté de Hainaut, d'autre part. Il agissait en qualité
de *bail* et mari de feue Louise de Cruninghem, sa femme, et
des enfants mineurs qu'il en avait eus.

Ce baron de Licques était, comme on le voit, un haut personnage. Mais son adversaire, Philippe d'Anneux, ne lui cédait en
rien sous le rapport des titres et dignités. Le Charpentier, qui
était son contemporain, lui a consacré une notice dans laquelle
on voit, tout en tenant compte des expressions hyperboliques
dont la plume de l'historien cambrésien est rarement avare,
que ce seigneur a joui en son temps d'une grande considération.
Comme son père, il eut le gouvernement d'Avesnes et, en récompense de ses services, le roi d'Espagne Philippe IV érigea
sa terre de Wargny en marquisat, en 1651 (2).

(1) Archives du Nord, série E. Fonds de Crèvecœur. Portef. 4.
(2) *Hist. de Cambrai*, tome II, p. 84-88.

On comprend que dans de telles conditions la nouvelle instance du baron de Licques dut être longue à aboutir. Ce procès, dit Le Charpentier, fut promené et agité devant les divers conseils l'espace d'un demi-siècle et plus. Par une sentence longuement motivée (1), le Grand Conseil de Malines mit fin, le 16 juillet 1652, à une première phase de ce long débat, en déboutant le baron de Licques de ses prétentions et confirmant le marquis de Wargny, qui était alors Guillaume-Albert d'Anneux, dans la propriété de la baronnie de Crèvecœur et de ses dépendances, ainsi que de la châtellenie de Cambrai. Cette sentence se basait sur la validité de l'acquisition faite par Jean d'Anneux en 1613, et sur le plus apparent droit de possession et d'action qu'avait sur ces terres et seigneuries le marquis de Wargny en qualité d'héritier d'Antoinette de Bourgogne, sa bisaïeule, fille d'Adolphe de Bourgogne, seigneur de Beveren, qui fut reconnue comme étant la sœur aînée de Jacqueline de Bourgogne dont les descendants étaient représentés par les enfants du baron de Licques. Les droits de ces derniers se trouvaient donc primés par ceux du marquis dé Wargny, même en admettant la validité de la réclamation de la descendance du Grand-Bâtard de Bourgogne sur Crèvecœur.

Cependant le procès ne fut pas encore définitivement tranché, car les enfants du baron de Licques, devenus majeurs, entamèrent une nouvelle instance, grâce à quelque artifice de procédure, contre la marquise de Wargny, veuve de Guillaume-Albert d'Anneux. Mais ils furent déboutés par une nouvelle sentence du Grand Conseil de Malines, en 1667. C'est donc en 1667, c'est-à-dire 137 ans après leur ouverture, que ces célèbres débats auxquels avaient pris part trois générations de plaideurs, prirent définitivement fin (2).

La baronnie de Crèvecœur resta dans la famille d'Anneux-Wargny jusqu'à la fin du xviiie siècle, époque où elle fut acquise par le mayeur de Beugnatre, baron de Simencourt. C'est

____

(1) *Hist. de Cambrai*, tome I, p. 248. Archives du Nord, série E. Fonds de Crèvecœur. Portef. 40. Cette sentence est transcrite sur un cahier de parchemin de 52 feuillets.

(2) *Un procès séculaire*. Matériaux pour l'*Histoire du Cambrésis*, par C.-A. Lefebvre. *Mémoires de la Société d'émulation de Cambrai*, tome XXIII, 2e partie, 1852, p. 197-224.

des héritiers de ce dernier que M. Delattre acquit les archives de Crèvecœur. La validité de cette vente ayant été attaquée en 1850, sous prétexte que la commune de Crèvecœur en était propriétaire, le procureur de la République crut devoir intervenir en ordonnant de transporter à son parquet les volumineuses liasses qui les composaient. Une commission, nommée par le sous-préfet, fut chargée de les inventorier. Mais les conclusions du rapport, rédigé à cette occasion, ne furent pas favorables à l'action en réintégration intentée par la commune, et M. Delattre conserva les archives qu'il avait acquises et que ses héritiers vendirent à leur tour aux Archives départementales du Nord (1).

Dans le cours du XVII* siècle, Crèvecœur eut encore beaucoup à souffrir pendant la guerre qui avait éclaté en 1635 entre la France et l'Espagne. Ainsi, le 1er septembre 1638, pendant le siège du Câtelet, le colonel Gassion se porta sur ce bourg avec 1,200 fantassins et 150 chevaux pour aller reconnaître le camp de Piccolomini établi vers Cambrai. Durant sa marche, il fit la rencontre de deux escadrons de cavalerie ennemie qu'il repoussa jusque sous les murs de cette ville. Puis s'attaquant à une partie de la garde du camp établi dans un village voisin, il la tailla en pièces. Les plaines de Crèvecœur, Masnières et Rumilly furent donc encore une fois dévastées pendant ces marches par les troupes amies et ennemies.

Après la bataille d'Honnecourt, l'armée espagnole victorieuse vint camper à Crèvecœur à la fin du mois de mai 1642. Le 24 juin 1649, le comte d'Harcourt investit Cambrai, mais repoussé par les troupes espagnoles de la garnison, il leva le siège et se retira à Crèvecœur où, en 1657, on voit encore que Turenne séjourna après avoir échoué dans une tentative sur la cité cambrésienne défendue par le prince de Condé. Enfin, plus tard, malgré les sauvegardes octroyées par Louis XIV, les 27 mars 1667 et 2 avril 1668, défendant très expressément de loger, ni souffrir qu'il soit logé aucun homme de guerre dans les château et villages de Crèvecœur et de Rumilly et leurs dépendances, ni permettre qu'il y soit pris, enlevé ou fourragé aucune chose, les habitants durent payer de fortes contributions pour

(1) *Un procès séculaire*, par C.-A. Lefebvre, *loc. cit.*

la subsistance des troupes, notamment 450 florins le 28 juillet 1667 et 370 florins en 1712 (1).

Les modestes annales de la baronnie de Crèvecœur fournissent un des nombreux exemples de la ténacité de la politique royale qui, du XIVᵉ au XVIIᵉ siècle, de Philippe de Valois à Louis XIV, ne négligea aucun moyen pour s'assurer la possession de cette terre. Par suite de sa position sur les frontières du Cambrésis, de l'Artois et de la Picardie, elle avait en effet une importance stratégique et politique considérable à cette époque. C'était un poste avancé qui permettait de surveiller les abords de la ville impériale de Cambrai, tandis que par la possession de la châtellenie de cette cité, les rois de France s'y ménageaient des intelligences et s'y formaient un parti. Il leur est arrivé, et nous ne l'avons pas dissimulé, d'avoir recours à la violence ou à des surprises audacieuses pour s'emparer ou se maintenir, eux et leurs partisans, dans le château de Crèvecœur. Mais on ne saurait leur en faire un bien grand crime en considération du but patriotique qu'ils poursuivaient et parce qu'ils ne faisaient, d'ailleurs, qu'imiter les procédés de leurs adversaires qui n'étaient pas plus scrupuleux sur le choix des moyens. Leurs efforts furent à la fin couronnés d'un plein succès et l'on nous excusera de les avoir retracés peut-être un peu longuement. Ils nous ont paru le mériter puisqu'ils ont contribué à un agrandissement du territoire national, agrandissement minime sans doute sous le point de vue de l'étendue, mais non sans importance à cause de sa situation géographique.

LOI DE CRÈVECŒUR.

Ainsi que nous l'avons dit en commençant cette étude, le texte original latin de la loi accordée en 1219 par Jean d'Oisy aux habitants de Crèvecœur, est encore inédit ainsi que la traduction en langue vulgaire qui en a été faite au XVᵉ siècle et qui nous a été conservée. Nous croyons que la publication de ces deux documents ne manquera pas d'intérêt, car l'analyse

(1) Archives du Nord, série E. Fonds de Crèvecœur. Portef. 6.

qui en a été donnée par M. Alcibiade Wibert (1) est très sommaire, incomplète et quelquefois inexacte.

Il faut remarquer que, beaucoup plus étendue que la loi d'Esne qui porte la date de 1193 et que les lois de Walincourt (janvier 1237 et 1316), celle de Crèvecœur est venue en quelque sorte compléter le texte des trois premières publiées et traduites par le docteur Leglay (2).

Une des omissions principales de A. Wibert porte sur le mode d'institution des échevins et d'acquisition de la bourgeoisie. La charte n'est pourtant pas muette sur ces différents points, car elle déclare que nul ne peut être reçu bourgeois (*entreprendre la bourgeoisie de la ville*), s'il ne jure d'abord fidélité aux échevins. Ceux-ci étaient nommés par le bailli sur la présentation de leurs collègues, c'est-à-dire que les sept échevins désignaient au bailli deux d'entre eux comme devant être remplacés par deux autres bourgeois. L'échevinage paraît avoir été constitué et renouvelé par une sorte de roulement entre les bourgeois notables. Le bailli, le prévôt et le sergent étaient les officiers du seigneur, institués naturellement par lui, mais ne pouvant entrer en fonctions avant d'avoir prêté serment devant les échevins, qu'ils maintiendraient tous les droits du seigneur, ceux des bourgeois et de la ville, en tout et sans les compromettre.

Voici d'ailleurs les principales matières auxquelles se réfèrent les articles de cette loi :

1. Des meix (maisons avec leurs dépendances devant les cens et redevances au seigneur).

2. Des corvées dues par les bourgeois.

3. *Idem*, dues par les manouvriers.

4. De la fourniture de couvertures au seigneur et à ses gens quand ils viendront dans la ville.

5. De l'amende due par les moissonneurs quand ils ne travailleront pas en se conformant aux règlements.

6. De l'étendue des terres qui pourront être ensemencées en vesces.

<hr>

(1) *Mémoires de la Société d'émulation de Cambrai*, tome XXIII, 2e partie, p. 171 et suiv.

(2) *Mémoires de la Société d'émulation de Cambrai*, années 1832 et 1833.

7. Des bans publiés pour les récoltes au mois d'août.

8. Des vols commis pendant la nuit.

9. Des dégâts commis par les brebis.

10. *Idem*, par les chevaux.

11. *Idem*, par les charrettes.

12. Des injures.

13. Des coups et blessures.

14. Du four banal.

15. Des vacations dues aux échevins pour les enquêtes faites à Cambrai.

16. Des poursuites pour dettes.

17. Des taxes établies par les échevins sur la bière.

18. Des *éteules* ou chaume qui doivent rester sur les champs jusqu'à la Saint-Martin.

19. Des droits dus par les bouchers.

20. De la bourgeoisie.

21. Des injures proférées par les femmes.

22. De la construction des maisons sur les meix vides (places à bâtir dans le village).

23. De l'aide due au seigneur.

24. De la juridiction à laquelle sont soumis les bourgeois.

25. De la taxe sur le vin.

26. Des fausses mesures.

27. De la constatation des dettes.

28. Des dommages commis de jour et de nuit.

29. Du bétail non gardé.

30. De la violation de domicile et du viol commis sur les femmes.

31. De la coupe et de l'enlèvement des chênes.

32. Des amendes forestières.

33. De l'institution et de la destitution des échevins.

34. Du bris des charrues.

35. Des limites de la banlieue ou juridiction de Crèvecœur.

36. De la réception des bailli, prévôt et sergent.

37. Des dommages commis dans les bois par les brebis, chevaux et vaches.

LA LOI DE CLARY.

Le bourg de Clary, chef-lieu de canton de l'arrondissement de Cambrai, est mentionné pour la première fois en 1164 dans une charte par laquelle Nicolas, évêque de Cambrai, confirme à l'abbaye d'Honnecourt la jouissance de plusieurs autels. Il y est désigné en même temps que le village voisin de Caullery (1). D'après Le Charpentier (2), les anciennes chartes le nommaient *Kléry, Kailris, Cléry, Kleriacus, Clerium*. Il aurait donné son nom à une très illustre famille issue d'un puîné de celle de Walincourt, dont le premier membre connu serait Geofroy de Walincourt qui aurait été, au dire du même auteur, seigneur de Clary dès 1151. Plus tard cette seigneurie serait entrée dans la maison de Dours, car une charte de l'abbaye de Vaucelles, datée de 1236, mentionnerait dame Joye de Walincourt et ses enfants : Jean, seigneur de Dours, Nicolas de Dours, *seigneur de Clary*, Drogon de Dours, Watier de Bousies, son gendre, etc. Une charte de l'abbaye de Mont-Saint-Martin, de l'an 1296, cite aussi Nicolas, *seigneur de Clary* et Hugues *de Clary*, mari de Mathilde de Grousche.

Plus tard, vers 1400, la seigneurie de Clary aurait appartenu, par suite d'une alliance, à la maison de Bische.

Les historiens Rosel et Monstrelet parlent avec éloges de plusieurs chevaliers issus de la famille de Clary, entre autres d'un Jean de Clary qui portait d'or à la bande d'azur chargée de trois merlettes d'or, et sur le tout un écusson d'argent à une fasce d'azur, ainsi que de Lancelot de Clary tué à la bataille d'Azincourt.

Un château fort, « portant encore dans ses ruines des marques de ses superbes bastimens, » s'élevait dans ce village; mais il était déjà détruit en grande partie au XVIIᵉ siècle, au témoignage de Le Charpentier.

(1) « *Altare videlicet de Clari cum Kavaleri et reliquis appendiiis.* » Léglay, Topographie du Cambrésis, *Mémoires de la Société d'émulation de Cambrai*, tome XIX, 2ᵉ partie, 1849, p. 52 et 53.

(2) *Histoire de Cambrai*, tome I, p. 401 et suiv.

Le même auteur (1) cite et publie , d'après l'orignal conservé alors aux archives du château de Walincourt, un fragment d'une charte communale ou loi qui aurait été octroyée au mois de janvier 1237-1238 par *Baudoins Buridans, sires de Wallincourt* à ses hommes de *Wallincourt, Mastaincort, Reumont, Aelincort li Sottière, Clari* et *Selvigni*. Il ne donne que le commencement et la fin de ce document qui se termine ainsi : « Cette loi ai-je créancé avec Joie Soier, no suer, et Jean Liesvins, sires de Dours, Drues, ses frères et Colars, ses frères etc. Che fut fait en l'an de le Incarnation nostre Seigneur M. CC et XXXVII, el mois de Janvier ». Le Charpentier ajoute en note : « cette charte extrèmement grande et rare (que je suis contraint de raccourcir en cette partie), est munie d'un scel représentant un seigneur à cheval, armé à l'antique, et a pour contre-scel un lion entouré de ces mots : Sig. Secretum Buridani ».

En admettant l'exactitude des renseignements donnés par Lé Charpentier, et sans vouloir nous arrêter à la pensée qu'il ait imaginé de toutes pièces ou tout au moins considérablement altéré la charte qu'il rapporte si sommairement, (ce ne serait pas la première fois qu'il se serait livré à ce genre de fantaisie), il faudrait reconnaître , en présence de la seconde charte communale de 1240 d'une authenticité inattaquable, que la terre de Clary était divisée , au milieu du XIIIe siècle , en deux seigneuries, dont l'une àurait appartenu à Buridan, sire de Walincourt, et l'autre à un Nicolas de Clary, probablement ce Nicolas de Dours, fils de Joye de Walincourt, qualifié de seigneur de Clary, par conséquent neveu ou cousin de Buridan de Walincourt.

Quoi qu'il en soit, ce Nicholes ou Nicolas de Clary donna et *assit* en l'an de Notre Seigneur « M CC et quarante ans », une loi à Clary, *sa ville*, à la requête de ses hommes dudit lieu. La charte qui nous a conservé le texte de cette loi est en très mauvais état, ayant sans doute servi anciennement de reliure à quelque registre, ce qui explique les déchirures régulières du parchemin et l'effacement de l'écriture en certains endroits. La lecture a pu cependant en être faite presque intégralement, parce que ce texte est la reproduction à peu près

_____

(1) *Hist. de Cambrai,* tome III. Preuves, part. IV, p. 27-28.

littérale de la charte accordée, en janvier 1239-1240, aux habitants de Niergnies par Rainier, leur seigneur (1). Ces chartes ont elles-mêmes pour type la loi donnée en 1201 aux habitants de Busigny par Gilles, avoué de cette ville pour le chapitre Saint-Géry de Cambrai. Le texte latin de cette loi, avec la traduction en langue vulgaire du XIIIe siècle, a été publié par Leglay, d'après l'original conservé aux Archives du Nord (2).

Ces trois chartes communales de Busigny, de Niergnies et de Clary ne présentent, d'ailleurs, avec celles d'Esne, octroyée, en 1193, par Arnoul de Landast (3), et de Quiévy accordée, en 1219, par Gérard de Saint-Aubert et Marie, sa femme (4), que des différences peu considérables dont les principales portent seulement sur l'ordre dans lequel sont énumérés les diverses clauses ou articles et sur le chiffre des amendes.

Mais quand on les compare à celle de Crèvecœur, on remarque que tandis que celle-ci consacre des articles particuliers au mode d'institution et de révocation des échevins, à la présentation des bailli, prévôt et sergent, les autres sont complètement muettes à cet égard et ne mentionnent que fort incidemment les officiers municipaux qui, comme à Crèvecœur sans doute, étaient désignés par le seigneur ou son bailli.

JULES FINOT.

---

(1) Leglay. *Topographie du Cambrésis, loc. cit.*, p. 115.

(2) Archives du Nord, série G. Fonds du chapitre de Saint-Géry de Cambrai. Leglay, *Mémoire sur les archives des églises et maisons religieuses du Cambrésis*, p. 66 et suiv.

(3) Topographie du Cambrésis, p. 83.

(4) *Idem*, p. 117.

PIÈCES JUSTIFICATIVES.

LOI DE CRÈVECOEUR.

In nomine sancte et individue Trinitatis. Ego Johannes Cameracensis Castellanus et dominus Oiziachi, tam presentibus quam futuris in perpetuum. Rei sollempniter acte pervigili memoria series celebratur, quando sopito reclamationis venture litigio pace media, res acta scripto sollempni sigillatur. Modernis itaque notum facimus et posteris quatenus, pro libertatis favore, ut firma protectione nostra, improbis exactionibus amens, sub dominio nostro affluere et colligi populus desideret, verum etiam ut subscriptis gaudens libertatibus multiplicari et fructificare valeat. Ea propter concedimus universis apud Crèvecoer habitantibus et causa morandi venientibus ut quicumque ahanabit de solo equo, potest ahanare pro six solidis usque ad XII mencaldatas terre et ad illas XII mencaldatas terre ahanare ponere potest tot equos quot voluerit pro sex solidis prescriptis, et si de solo equo vult ahanare, quantum poterit terre ahanabit pro sex solidis. Et si ahanat plus quam XII mencaldatas terre, usque ad viginti quatuor mencaldatas potest ahanare pro XII solidis, et infra illas viginti quatuor mencaldatas terre potest ponere tot equos quot voluerit pro XII solidis et, si solitus equis duobus ahanat, quantum poterit terre ahanabit pro XII solidis, et secundum hanc institutionem poterit ahanare burgensis de solo equo vel de duobus, vel de tribus, vel de pluribus ad valens, et in tempore seminandi quotquot equos voluerit potest ponere, nec propter hoc crescet nec decrescet asisa. Quicunque tenet quatuor mencaldatas terre de terra domini de hereditagio suo vel plus, debet domino sex solidos, et si minus tenet de terra domini quam quatuor mencaldatas, nichil inde debet. Qui mansum tenet integrum debet domino tres solidos. Subhospes vero XII denarios, et quicumque solverit domino pro terra sua vel pro ahanagio suo sex solidos, in hoc aquitabit mansionem suam. Hec asisa dicta debet per

4

solvi singulis annis in festo beati Remigii vel infra octavum diem, si per famulum domini submonita fuerit. Quod nisi ad submonitionem famuli predicti hec asisa domino sicut debet soluta fuerit post dictum terminum XII denarios domino reddet pro forisfacto. Item, sic dispositum est de omnibus redditibus domini. Item, si burgensis redditum suum militi vel nobili viro, die determinata, non solverit, si clamorem inde proferri oporteat, XII denarios persolvet. Unus quisque burgensis manens infra Crievecoer debet domino sex curruatas, singulam vero curruatam per unam diem in terram domini annuatim de eodem labore quo vescitur, et si dominus in terram alterius eum velit conducere et ille rebellis ire voluerit, submonitus per prepositum vel per famulum domini, scabini rationabile premium illi possunt imponere et tunc oportebit illum exsequi dictum scabinorum. Item, si curruata submonita fuerit per scabinos, infra duos dies illam facere potest sine forefacto. Quod non fecerit infra duos dies, famulus domini die tercia alium potest appreciare qui curruatam illam pro eo persolvet. De manuoperatore accipiet famulus octo denarios. De homine et de solo equo II solidos, et si II equos habuerit, III solidos, et si tres equos habuerit, quatuor solidos, et si plures equos habuerit, non plus inde persolvet. Item, si famulo domini burgensis infra duos dies obtulerit curruatam suam faciendam sub testimonio duorum burgensium, de illa submonitione famulus domini cum nullo modo poterit aggravare. Preterea, sciendum est quod si dominus in villa venerit et cocitris indiguerit, eas debet habere singulam colcitram pro duobus denariis, si extra domum delata fuerit. Si vero in aisias hominum domini in domo burgensis remanserit pro uanno debet haberi, et si burgensis, testimonio burgensium convictus fuerit colcitras suas abscondisse pro majoris precii cupiditate, domino per quinque solidos illud emendabit; et si burgensis colcitras suas pro statuto precio famulo domini locare voluerit, ire debet ad scabinos super hoc questurus. Scabini vero dicto famulo dictas colcitras, deliberare debent pro dicto precio, nisi viderint hospitum suorum apparantem necessitatem. Attamen burgensi et uxori ejus colcitra sua remanebit. Item, si famulus domini in tempore messis invenerit in campo burgensis onus frumenti injuste resecatum vel annone, interrogare debet burgensem vel illum quem ex parte burgensis

invenerit in campo si onus illud ita repertum suum esse reclamaverit. Quod si suum esse fateatur, onus perdet et per quinque
solidos emendabit domino forefactum, ac si non reclamaverit pre-
dictum onus, famulo liberum remanebit. Item, si famulus domini
aliquem invenerit hujusmodi portantem onus de terra domini
resecatum, nisi ille warandiam habuerit, dictum onus amitet,
et domino pro forefacto quinque solidos componet. Item, si
quis garbas suas de nocte amiserit in campo et hoc testibus vel
juramento probare poterit, dominus ei reddere debet, ita ta-
men quod burgensis fide interposita jurabit quod si infra annum
raptorem earum cognoverit, domino vel preposito ipsum raptorem accusabit, nec super hoc burgensis plus debet facere.
Item, burgensis potest in terram domini quam ahanat solo equo
seminare unam boistellatam terre de veccis si voluerit et bois-
tellata illa debet continere duas mensuras, unum quartum minus, et si de pluribus ahanat ad valens potest seminare, et si
testibus convictus fuerit quod plus acceperit, domino emendabit
forefactum per decem solidos. Item, si burgensis veccam suam
amiserit quod testimonio vel juramento probare poterit de
amisisse, dominus ei debet reddere. Item, si famulus domini
aliquem veccam portantem invenerit, unde warandiam non
habeat, veccam amitet et domino quinque solidos componet
et dampnum restaurabit. Item, si burgensis vel de familia sua
aliquis veccam suam deferre vel colligere viderit, monstrare
debet duobus vel tribus et si illi duo vel tres testentur coram
preposito et scabinis hoc vidisse vel juramento suo hoc velit
detinere, domino quinque solidos componet et vecca domino
remanebit et dampnum cui illatum fuerit restituetur, et si do_
minus vel ejus famulus ante messes de viridi vecca velit habere,
per burgensem debet eam pertificare, tunc famulus de parte
domini sui voluntatem suam potest facere et pars burgensis
salva remaneat. Postquam vero banni facti fuerint ad introitum
Augusti consilio scabinorum per voluntatem domini, si quis
inventus fuerit post horam nichil portans nisi causam rationa-
bilem pretenderit, domino dabit V solidos. Si vero ferens ali_
quid inveniatur unde convinci possit per legem ville quod de
loco pravo veniat post horam, in voluntate domini erit. Si
quis post horam inveniatur ducens bigam, si testimonio pro-
bari possit, bigam suam onerasse ante horam banni et nullus

inde conqueritur, abire potest in pace sine forefacto. Et si quis
de eo conqueritur, se duobus testibus quorum unus sit extra
panem suum se purgare poterit quod nemini in via dampnum
intulerit; quod si hoc modo se purgare non possit, XX solidos
domino persolvet. Et quisque de nocte ferens latrocinium inveniatur, in voluntate domini erit. Item, si grex ovium inveniatur in nemore, vel in segete vel annona vel in quolibet dampno
alterius quem pastor intus dampnum custodiat, famulus de
proprio pastoris XII denarios potest accipere ad opus domini.
Et si burgensis ita capiatur, duos solidos domino persolvet. Et
si pastor vel burgensis contra famulum domini se defenderit
et famulus sub juramento suo detinuerit, burgensis V solidos
componet et pastor similiter quinque solidos persolvet. Item,
si famulus oves in dampno alterius currentes capere possit, super
tot ovibus quot juramento suo probaverit se vidisse in dampnum separatum, pro sex ovibus de proprio pastoris I denarium
potest accipere et dampnum cui illatum fuerit pastor restituet.
Equus vero repertus in dampno alterius, IIII denarios persolvet. Vacca autem duos denarios dabit. Truisa vero unum denarium; porcus obolum. Grex anserum duos denarios et dampnum injuriam patientibus restaurabitur. Item, si famulus
domini aliquem bigam in alterius dampnum invenerit vel viderit conducentem, et hoc sub sacramento affirmaverit se
vidisse, bigarius duos solidos domino dabit, et si contra famulum se defenderit, V solidos persolvet et dampnum restituet.
Item, si famulus domini aliquem per falsam semitam inceden-
tem ceperit, si fuerit de castro, duos denarios debet famulo; si
vero alienigena fuerit, I denarium debet nisi juraverit se nescire
semitam illam prohibitam fuisse. Item, mediante maio usque
ad exitum Augusti prenominati parci pecudum omnium dupli-
cabuntur. Post exitum vero maii quicumque collegerit herbam
in alterius segete, vel in vecca aut pisis, si sit de castello, domino debet sex denarios; si vero fuerit alienigena, XII denarios
debet. Et quis post festum beati Johannis Baptiste herbam in
avena collegerit, predictam penam incurret. Item, si burgensis aliquod genus animalium vel bigas vel collectores in dampno
suo invenerit, a malefactore potest vadium accipere et reddere
preposito; prepositus vero debet burgensi dampnum sibi illatum restituere et forefactum domini sicut prescriptum est, potest

accipere. Quod si burgensi dampnifactor vadium dare voluerit, dictus burgensis super hoc testes provocabit, si presentes habere poterit. Sin autem juramento suo se super hoc verum dixisse jurabit coram preposito et scabinis, prepositus vero burgensi dampnum sibi illatum restitui faciet et ab illo forefactum pro domino accipiet, scilicet quinque solidos. Item, si pecudes inveniantur in alterius dampnum sine custode, prepositus debet eas retinere donec dampnum restituatur et dominus parcum suum habeat. Si quis aliquem infra bannilegam convicio dehonnestaverit, testibus convictus, decem solidos domino componet. Item, quicumque per iram aliquem percusserit, vel alicui manum imposuerit sine sanguine, XX solidos componet. Item, quicumque per iram ab aliquo sanguine traxerit, LX solidos componet. Item, si quis cultellum acutum causâ se defendendi extraxerit, C solidos componet et de terra usque ad voluntatem domini banniabitur. Item, quicumque cultello acuto percusserit de die, decem libras componet, et usque ad voluntatem domini de terra banniabitur. Quicumque vero cultello acuto percusserit de nocte, decem libras persolvet, et in voluntate domini persona ejus erit, salvis membris suis. Item, si dominus vel ejus minister scabinos submonuerit ut ipsi bannum faciant super omnes homines domini de Crevecoer qui infra villam cultellum acutum portaverint, dominus bannum faciet consilio scabinorum sub pena sexaginta solidorum et cultellum debet amitere. Postquam vero bannum factum fuerit indictione domini et scabinorum, super quem cultellus acutus repertus fuerit, LX solidos domino persolvet et cultellum amitet usque ad terminum a domino et scabinis constitutum. Item, si alienigena hunc bannum ignorans infra villam morari voluerit, postquam ei a preposito sub testimonio bannus iste aperte revelabitur, si ille dictum bannum aliquo modo infregerit, eandem penam quam et alii homines ville sustinebit. Item, si quis quemlibet in domum suam de die invaserit, C solidos componet; et si de nocte invasio facta fuerit, decem libras persolvet. Burgensis vero sic invasus se defendere potest sine forefacto. De omnibus forefactis predictis, excepto stultiloquio, vuneratus vel percussus terciam partem habebit et dominus duas partes. Item, quicumque vulnus alicui intulerit, vulnerato sumptus rationabiles persolvet. Hec omnia coram preposito et scabinis debent comprobari.

Item, omnes furnarii priusquam intrent in furnum ad serviendum, ville jurabunt quod ipsi furnatas juste associabunt et pastam et furnaliam similiter pro posse suo et secundum sensum eorum juste et rationabiliter capient. Adicimus insuper forefactis, quod si tumultus vel bellum inter burgenses forsitan oriatur unde dominus forefactum suum habeat, et ipsi pacem inter se facere voluerint, dominus vel prepositus ejus pacem faciat consilio scabinorum et injuriato dedecus ei illatum emendari faciat. Item, de singulis inquisitionibus pro quibus oporteat scabinos ire Cameraco, ille qui querelam amiserit, scabinis quinque solidos persolvet pro expensis eorum. Item, si quis super aliquem debitum reclamaverit, et ille negaverit debitum, et post sacramentum reclamantis illud se debere recognoverit, domino duos solidos dabit. Item, si quis debitum negaverit causa respectum habendi, si inde possit convinci duos solidos domino persolvet. Item, si quis super debito scabinos provocaverit in auxilium, et scabini ei super hoc deficiant II solidos, persolvet domino XII denarios et scabinis XII denarios. Item, scabini cervisie precium imponent, et si cambarius precium per scabinos impositum acresserit vel aliquo modo infregerit, XX solidos domino dabit nec infra et unum diem vendere potest, nisi licentia prepositi et 'scabinorum. Item, venditores omnium venalium, si necesse fuerit, vadium possunt accipere terciam partem magis valens quam super illud credant. Et creditores vadium illud custodient per XV dies; transactis vero quindecim diebus, super vadium possunt debitum suum impetrare pro posse suo. Quod si nequiverint postquam preposito et scabinis ostenderint, vendere possunt illud sine forefacto per testimonium, et quod super excreverit reddere debent debitori. Item, si quis venditor venale suum celasse convinci possit, quinque solidos componet, nisi juraverit quod ultra illud quod sibi et familie sue per duos dies necesse fuerit non habeat, et sic in pace remanebit. Item, si burgensis habet domum propriam de qua persolverit asisam, si maneat alibi in villam, propter hoc non persolvet plusquam asisam. Item, quicumque de terra domini tenet quatuor mencaldatas vel plus, domino debet sex solidos, et si de eadem terra quicquid acquisierit, vel hereditario jure ei exciderit, propter hoc plus non dabit. Item, stipule debent remanere super terram domini integre usque ad octo dies ante festum omnium sanctorum, et quicumque inventus fuerit infra dictum terminum falcando vel colligendo aut ferendo stipulam, domino duos solidos dabit, et stipulam amitet, et in anno illo stipulam non potest colligere nisi licentia prepositi et scabinorum. Item, si quis habet domum vel grangiam ad tegendum, venire debet coram preposito et scabinis et ipsi assignabunt ei stipulam ad tegendum. Item, quicumque de terra domini solo equo ahanaverit, licet ei ubicumque voluerit in ahanagio suo de tribus mencaldatis stipulam retinere. Et si de pluribus equis ahanaverit, de plus plus ad valens retinebit. Item, de propria terra si quis quatuor mencaldatas ubi sit frumentum teneat, de sola mencaldata stipulam potest retinere, et de pluribus mencaldatis ad valens potest retinere, et si plus detinuerit et inde convictus fuerit, V solidos domino persolvet. Item, carnifices omnem carnem porcinam quam interficient, sicut necesse erit, omnino parabunt et viscera component pro quatuor denariis. Bovem vel vaccam pro octo denariis. Arietem pro duobus denariis. Quod si hoc facere recusaverint, in anno illo infra villam nullum venale vendent, nec de officio suo aliquatenus se intromittent nisi licentia prepositi et scabinorum. Item, quicumque in castello de Crievecoer causa morandi venire voluerit, licet ei ut veniat si de murtro et de proditione defendere valeat, salvo jure et redditibus domini. Item, nullus burgensem ville potest intercipere nisi prius coram scabinis juraverit fidelitatem ville pro posse suo custodiendam. Item, si mulier cum aliqua muliere vel homine litigaverit, testibus convicta, quinque solidos dabit. Item, si quis in predictam villam sub alterius manso edificare vel manere voluerit quale hostagium inter ipsum et dominum mansi convenerit, domino mansi persolvet testimonio scabinorum et domino ville dabit XII denarios. Item, burgensis domum, vel mansionem suam potest vendere vel mutare et de villa quando voluerit recedere ea conditione quod domus in villa remaneat, et quod debuerit in villa persolvat, et dominus de venditione illa nichil habebit. Item, si dominus ville de filio suo militem facere voluerit, vel filiam suam maritari, vel pro sua redemptione aut terram sibi hereditario jure excidentem velit redimere, si ei placeat, auxilium ab hominibus ville potest exigere. Burgenses vero pro voluntate sua auxilium debent conferre domino. Et si werra ex improviso vel

aliter domino oriatur, burgenses de corporibus suis et de bigis
pro posse suo, domino ut terram et honorem suum detineat,
debent auxiliari. Item, burgensis pro forefacto quod faciat in
eadem villa a domino vel ab aliquo ex parte sua, sine judicio
scabinorum, nullo modo poterit aggravari. Item, si prepositus
vel famulus domini aliquem submonuerit, venire debet ad justiciam, et si venire noluerit, prepositus aut domini famulus eum
testimonio hominum sine percussione vel..... (1), poterit eum
adducere ad justiciam et per scabinos justificare. Item, si burgensis viderit ortum vacuum in villa, ab illo cujus est ortus
per hostagium illum debet requirere. Et si ei dare hoc modo
noluerit, nec in eo domum facere, prepositus ei habere faciet,
salvo burgensis hostagio, et dominus jus suum ab illo reci-
piet. Item, scabini venditioni vini precium imponent. Quod si
quis sine consideratione scabinorum vinum vendiderit, domino
viginti solidos persolvet, et venditor illud vendet ad rectam
mensuram Cameracensem. Si quis vero falsam mensuram habuerit et testimonio scabinorum inde convictus fuerit, domino
persolvet sexaginta solidos. Item, si burgensis de milite vel
de quolibet homine clamorem super debito faciat et scabini
debitum testentur, judex in sua presentia illud persolvi faciet,
sin autem ad legem veniet. Et si burgensis juret quod ei de-
beat illud debitum absque forefacto illud persolvet, et si sol-
vere noluerit, tertia manu hominum cum juramento se defen-
dat super illo debito, et hoc dictum est de milite; sed homines
de potestate lege scabinorum judicabuntur. Item, si quis de
milite super debito conqueratur, ante judicem convenire debent (*sic*). Si vero miles debitum se debere fateatur, infra XV
dies illud debet persolvere; si autem infra hunc terminum non
persolverit, judex de milite sine commisso potest accipere et
reddere creditori. Item, si quis infra ambitum ville in ortis aut
pomeriis de die alicui dampnum fecerit quod possit legitimo testimonio comprobari, si conquisitus ad justiciam venerit, dominus
inde quinque solidos habebit et burgensi a malefactore dampnum
restituetur. Item, si quis in prelibato forefacto de nocte capiatur,
voluntas domini, absque mortis dampnatione et sine membro-
rum lesione, de eo eficietur. Item, si aliquod genus animalium

---

(1) Le mot est effacé et illisible dans le texte.

sit in villa quod custodiam non habeat pastoris et de nocte in dampno alterius inveniatur, si testimonium non habuerit quod illud quesierit duplicem parcum persolvet, et si certum testimonium habuerit quod illud quesierit, dampnum restituet. et animal suum in pace reducet, et si de die in commisso inveniatur, parcum dabit et dampnum restituet. Item, si quis infra ambitum ville cum violentia in domum alterius intraverit et vi mulierem aliquam violaverit, si legitimis testibus convictus inde fuerit, voluntas domini de eo efficietur, et completa domini voluntate ille malefactor sine licentia mulieris et amicorum suorum infra terram domini morari non potest. Item, si famulus domini quemlibet quercum scindentem aut portantem aut quadriga trahentem reperiat et locum quo abscisa est demonstret, si legitimos testes conduxerit, LX solidos domino dabit, si quercus possit perforari foratoric oecerec et si famulus absque testimonio juraverit quod ita sit, XXX solidos dabit, et si quercus ita perforari non possit, X solidos dabit domino. De omni alio viridi nemore, X solidos persolvet; de sicco nemore, XII denarios. Item, si baillivus scabinos interrogaverit si qui inter eos initules fuerint in officio scabinii, scabini vero debent preposito nominare ex ejus duos tantum qui amovendi fuerint et amotis illis duobus, baillivus alios duos consilio quinque scabinorum super sacramentum eorum electos in eodem officio sufficientes debet restituere. Si quis aratrum alterius fregerit aut secaverit de quo convinci possit, in voluntate domini erit et dampnum restaurabit. Item, infra bannilegam, mortuum pro mortuo; membrum pro membro. Bannilega protenditur usque ad nemus de Valcellis et usque ad Romeilli et Mainieres et usque ad Serenum villare, et usque apud Aisne. Item, si quis hominum villarum mearum in quibus non est ista libertas velit manere in castellis meis, in quibus libertas ista constituta est, absque mea licentia manere non potest. Item, scabini dicent si viderint hominem in villa cui dominus ad usus et consuetudines ville mansum dederit, illum pro burgense habebunt. Item, scabini nullo modo recipient baillivum, vel prepositum vel aliquem alium domini servientem, nisi prius sub testimonio scabinorum juraverit quod ipse, pro omni posse suo, omnia jura domini, similiter jura hominum ville illesa per omnia observabit. Preterea, ovis inventa in taillagio nemoris domini dabit unum denarium. Equus vero, sex denarios; vacca autem quatuor denarios. Item, si quilibet famulus domini, vel homo ejus invenit aliquem in forefacto nemoris domini, potest eum comprobare juramento suo et auxilio cujuslibet alterius, sic solvet ille forefactum qualiter in carta prenotatur. Ut autem hec nostra institutio rata et inconcussa permaneat et in evum firmiori robore convalescat, presens scriptum sigilli nostri karactere et testium subscriptione munientes, juravimus in sanctis et milites nostros et liberos homines jurare fecimus firmiter et illesum conservare. Signum mei Johannis, domini Oiziachi et Montis Mirabilis et Castellani Cameracensis. S. Gervasii, capellani nostri. S. Deodonati, clerici nostri. S. Gerardi, domini de Sancto Auberto. S. B. de Wallaincourt. S. B. de Aubencoel. S. Jacobi de Marchion. S. Mathei Creton. S. Guifridi de Castenières. S. Ade de Mainières. S. Roberti de Crievecoer. S. Hugonis de Revelon. S. Walteri Brussier. S. Amulrici de Gaisnen. S. Johannis, villici de Crievecoer. Actum, anno dominice Incarnationis millesimo ducentesimo nono decimo, mense Julio. Duret in perpetuum.

TRADUCTION EN LANGUE VULGAIRE,

faite au xve siécle.

[Ou nom de la saincte et indivisée trinité, Je Jehan, chastelain de Cambray, sire d'Oisy], à tous qui ores sont et qui advenir sont permanentement, et à tousjours, l'ordonnance est célébrée des choses faictes par bon advis et mémoire.

Nous faisons commune chose à tous quy ores sont et qui advenir seront que pour l'octroiance de nostre franchise en nostrè ferme ville de Crèvecoeur et pour la liberté et sceure protection, touttes mauvaises choses ostées, désirans les bonnes multiplier et fruictifier, pour ces choses nous octroions à tous les habitans de Crèvecoeur et y venans demourer : que quiconques y ahennera d'un seul cheval, yl peult ahenner pour VI sols jusques a XII mencaulx de terre et à ces XII mencaulx de terre y peult mectre tant de chevaulx quy volra pour les VI sols devant dicts; et s'il veult ahenner d'un seul cheval, il ahennera tant comme il polra de terre pour VI sols.

Mais s'il ahenne plus que douze mencaulx de terre jusques à XXIIII mencaulx de terre, il peult ahenner pour XII sols; et dedens ces XXIIII mencauldées de terre, il [peult ahenner tant de mencaulx qu'il volra] pour XII sols.

Et s'il ahenne de deux chevaulx seulz, tant comme il polra de terre il ahennera pour XII sols.

Et selon cest establissement, le bourgeois polra ahenner d'un seul cheval ou de deux ou de trois ou de plus à le valeur; et en temps de semence y polra tant mectre de chevaulx qu'il volra; et pour ce l'assize ne en croist ni descroist.

Quiconques tient IIII mencauldées de terre, de le terre du seigneur de son héritaige, ou plus, il doibt au seigneur six sols; et s'il en tient moings de le terre du seigneur, il n'en doibt riens.

Chapitre des Meltz.

Qui tient melt enthier, il doibt au seigneur trois souls; le soubz hoste douze deniers.

Quiconcques payera au seigneur pour sa terre ou pour ahenniage six sols, en ce il acquitera sa maison. Cheste assize doibt estre payée chacun an au jour de la feste Saint-Remy ou dedens le huictiesme jour, se par le sergeant du seigneur est semoncé.

Et sy ceste assize n'est payée à la semonce du sergeant devant dict après le terme devant dict, il rendra au seigneur XII deniers de fourfaict.

En après il est disposé en telle manière de touttes les rentes du seigneur :

Si le bourgeois n'a payé se rente au chevalier ou au noble homme es jour que y le doibt, s'il en convient clameur faire, il payera XII deniers au prévost.

Des courvées que doibvent les bourgeois.

Chacun bourgeois manant dedens Crèvecoeur doibt au seigneur six courvées, chacune courvée par ung jour en le terre le seigneur chacun an, de telle labeur de quoy il vit.

Et si le seigneur le veult en aultre et il n'y veult aller, et il en soit rebel et admonesté en ayt esté par le prévost ou par le sergeant du seigneur, les eschevins peuvent à luy en mettre raisonnable pris, et adonc il convenra celuy eschievir les dictz eschevins ; et si le courvée est semonché y le peult faire sans fourfaict dedens deux jours ; et sy ne le faict dedens deux jours, le sergeant du seigneur au tierche jour peult autre pris mectre que cil doibt payer pour celle courvée.

Du manouvrier.

Au manouvrier prendra le sergeant huict deniers de l'homme, et de sen seul cheval deux soulz. Et s'il a deux chevaulx trois souls, et s'il a trois chevaulx quatre soulz et sy plus de chevaulx, il n'en payera pour ce plus.

Et sy au sergeant du seigneur offre se courvée faire dedens deux jours, par le tesmoignaige de deux bourgeois de celle semonche, le sergeant du seigneur en nulle manière ne peult agrever.

Des quieutes sy le seigneur vient en la ville dist.

Après, dist sy le seigneur vient en la ville et il ayt mestier de quieutes, il doibt avoir chacune quieute pour deux deniers sy elle est portée hors de maison ; et sy elle demeure en la maison du bourgeois aux aises les hommes le seigneur, on le doibt avoir pour ung denier.

Et sy le bourgeois par tesmoings de bourgeois est convaincu qu'il ayt les quieutes escondittes (refusées) au seigneur pour le convoitise de plus grand pris, y l'amendera par cincq sols.

Et sy le bourgeois ses quieutes ne veult livrer pour le pris establis au sergeant du seigneur, y doit aller aux eschevins se plaindre ; et les eschevins luy doibvent délivrer les quieutes pour le pris devant dict ; se ilz ne voient le besoing apparant de leur hoste, au bourgeois et à sa femme demoura sa quieute.

De l'amende des moissonneurs.

Après, sy le sergeant du seigneur trouve au camp du bourgeois en temps de moissons, fais de fourment ou d'avoine mauvaisement coppées, il doit demander au bourgeois ou celuy qui par le bourgeois trouvera au camp sy ce fay qu'il a trouvé clamme estre sien ; et sy le congnoit, y pert le fay et sy ammendera le fourfaict de cincq sols.

Et sy ne réclamme le fays devant dict, il demoura délivré au sergeant.

Et sy le sergeant du seigneur trouve aucun portant fays de ceste manière ostée de la terre du seigneur, sy garandise n'en a, il perdera le fays; et au seigneur pour le fourfaict y donnera cincq soulz.

Et sy aucun pert garbes en son camp de nuict, sy le peult prouver par tesmoignaige ou par serment, le seigneur luy doibt rendre en telle manière que le bourgeois par se foy jurera que sy en dedens l'an, il congnoit celuy quy les avera ravies au seigneur ou prévost y l'accusera, ne sur ce le bourgeois plus ne doit faire.

Des vesches; combien le bourgeois en peult semer en la terre du seigneur.

Et le bourgeois peult en la terre du seigneur, semer par ung seul cheval, une boittellée de terre, laquelle il ahenne s'il veult de vesche. Celle boitellée doibt contenir deux mesures ung quartier moins.

Et sy de plus ahenne, à la valeure peult ahenner et semer; et sy par tesmoings en est convaincu que plus en ayt pris, il amendera au seigneur le fourfaict par dix soulz.

Et sy le bourgeois pert sa vesche que il prouve par tesmoignaige ou par serment que il a perdu, le seigneur doibt rendre.

Et si le sergeant du seigneur trouve aucun portant vesche dont il ne ayt point de garandize, il perdra la vesche et payera au seigneur cincq soulz et sy restituera le dommaige.

Et sy le bourgeois ou se maisnie voit aucun se vesche porter ou coeuillier, y le doibt monstrer à deux ou à trois; et sy ces deux ou trois tesmoignent devant le prévost et les eschevins que ilz le ayent veu, et sen seul serment y le veult détenir, il payera au seigneur cincq sols; et le vesche demoura au seigneur, et sy restablira le dommaige à celuy à qui il le avera faict.

Et sy le seigneur ou les sergeans devant la moisson veult avoir de le verde vesche, y le doibt par le bourgeois faire partir; et adoncq le sergeant de le partie de son seigneur peult faire sa volonté, et le partie du bourgeois demoura saulve.

Des bans d'aoust.

Et puis que les bans seront fais à l'entrée d'aoust par le conseil d'eschevins et par le volonté du seigneur, sy aucun est trouvé après heures portant telle chose, sy raison ne en rend, il donnera au seigneur cincq soulz.

Et s'il est trouvé aucune chose portant dont il soit convaincu par la loy de la ville que de privé lieu viengne après heure, il sera en la volonté du seigneur.

Sy aucun après heure est trouvé charette menant, sy par tesmoignaige il peult prouver sa charette avoir querquiet devant l'heure du ban, et nul ne s'en plaint, il peult aller en paix sans fourfaict. Et sy aucun s'en complainct par deux tesmoings, desquelz l'un soit hors de son pain, il s'en polra purger que en la voie il n'a faict à nul homme dommaige; et sy en telle manière ne se peult purgier, il payera au seigneur vingt soulz.

De chose emblée de nuict.

Sy aucun porte de nuict chose emblée et il est trouvé, il sera en la volonté du seigneur.

Des brebis trouvées en dommaige.

Sy le fous (troupeau) de brebis est trouvé en bois, en blé ou en avaine ou en aucun dommaige que le pasteur doibt dedens warder de dommaige, le sergeant peult prendre du propre du pasteur douze deniers avec le seigneur.

Et sy le bourgeois en telle manière y est pris, il payera deux soulz au seigneur; et sy le pasteur ou le bourgeois se deffend contre le sergeant du seigneur et le sergeant le détiegne par son serment, le bourgeois payera cincq soulz, et le pasteur ensemblement payera cincq soulz.

Et sy le sergeant peult prendre brebis courrans en aultruy dommaige, de tant de brebis comme il prouvera par son serment que il auera veu en dommaige, il peult prendre du propre du pasteur pour six brebis ung denier; et sy rendera le pasteur le dommaige à celuy à quy il auera esté faict.

Du cheval trouvé en dommaige.

Le cheval trouvé en aultruy dommaige payera ung denier.
La vache deux deniers.
La truye ung denier.
Le porcq une maille.
Le foucq d'awes deux deniers, et le dommaige et l'injure sera restably à ceulx qui le soufriront.

De charette trouvée ou veue en dommaige.

Sy le sergeant du seigneur treuve aucune charette en aultruy dommage ou il le voit menant, et il fache serment que veu il l'y a, le carton payera deux soulz; et s'il se deffend contre le sergeant, il payera cincq sols, et sy restablira le dommaige.

Et sy le sergeant du seigneur prend aucun allant par fault sentier, s'il est du chastel, il doibt au sergeant ung denier; s'il est estranger ung denier doibt sy ne jure qu'il ne sçavoit point que le sente fust deffendue.

Et du my-may jusques à l'issue d'aoust devant nommé, de touttes les choses qui seront prises, elles seront doubles; et après l'issue de may quiconcques coeuillera herbe en aultruy blé ou en vesches, ou en poix, s'il est du chasteau six deniers doibt au seigneur; s'il est estranger douze deniers doibt. Et sy aucun après la feste Saint-Jehan-Baptiste coeuille herbe en avaine, il encourra la paine devant dicte.

Et si le bourgeois trouve en son dommaige aucunes bestes, carettes ou coeuilleurs d'herbes, il peult prendre gaige du malfaicteur et rendre au prévost, et le prévost doibt au bourgeois restablir le dommaige que on luy auera faict. Et sy peult prendre le fourfaict du seigneur comme il est dict. Et sy celuy qui a fourfaict le dommaige ne veult donner son gaige, le bourgeois sur ce appellera tesmoings sy les peult avoir présens. Et sy ne les a, il jurera ainsy estre pardevant prévost et eschevins. Et le prévost doibt restablir le dommaige que on luy aura faict. Et pour ce fourfaict il prendera pour le sergeant V sols.

Et sy bestes sont trouvées en aultruy dommaige sans garde, le prévost les doibt retenir jusques à tant que le dommaige soit restablis et que le seigneur ayt son parc.

De lendengier aultruy.

Sy aucun lendenge homme ou dict deshonnestes parolles dedens la banlieue et que par tesmoings il en soit convaincu, il payera au seigneur dix soulz.

De battre aultruy.

Quiconcques par ire aura aultrui féru ou mis main sans sang, vingt soulz payera.

Et quiconcques par ire a sang féru à aucun, soixante sols payera.

Et sy aucun tire coultel à poincte pour luy deffendre, cent soulz payera et sera banny de le terre jusques à la volonté du seigneur.

Et quiconcques de jour frappera de coultel à poincte, dix livres payera, et sera banny de le terre jusques à la volonté du seigneur.

Quiconcques frappera de coutel à poincte de nuict, dix livres payera, et sy sera la personne en la volonté du seigneur, saulf ses membres.

Et sy le seigneur ou ses ministres amonestent les eschevins que ilz fachent le ban sur tous ses hommes de Crèvecoeur que quy dedens la ville coutel à poincte portera, le seigneur fera son ban par conseil d'eschevins sur le paine de LX sols et doibt le coutel perdre.

Et puis que le ban sera fait par la démonstrance du seigneur et des eschevins, quy sera trouvé à tout coutel à pointe, il payera soixante sols au seigneur, et sy perdera le coutel jusques au terme estably du seigneur et des eschevins.

Et si l'estrangier ne sçait le ban et veuille demourer dedens la ville puis que le ban luy sera dict par le prévost par tesmoignaige apartement, si il enfraint le ban par aucune manière, il soustenra celle meisme paine que les aultres hommes de la ville.

Et sy aucun envaïst aultruy de jours en sa maison, cent soulz payera.

Et sy de nuict ly envahissement se faict, dix livres payera, et le bourgeois en tel manière envahy se peult deffendre sans fourfaict de tous les fourfaictz devant dicts, sinon de soltement parler, le navré ou le battu aura le tierche part et le seigneur les deux pars.

Et quiconcques fera à aultruy playe, il payera au playé despens raisonnables.

Touttes ces choses doibvent estre prouvées devant prévost et eschevins.

Du four bennier.

Tous les fourniers puisque ilz entrent dedens leur ferme à servir la ville, jureront que les fournées associront justement; et la paste et le fournille ensement à leur pooir et selon leur sens justement et raisonnablement ilz prenderont.

Deseure tout ce nous adjoustons aux fourfais que sy tumulte ou bataille naist par adventure entre les bourgeois dont le seigneur ayt son fourfaict, et ilz ne veullent faire paix entre eulx, le seigneur ou le prévost faisse la paix entre eulx par le conseil d'eschevins; et sy faisse amender la honte ou vergonde que on luy auera faict.

Des enquestes.

De chacune enqueste pourquoy il conviègne les eschevins aller à Cambray, celuy qui la querelle perdera payera aux eschevins cincq soulz pour ses despens.

De debte réclamée.

Sy aulcun sur aultre ayt debte réclamée, et celuy ayt nyé la debte, et après le serment de celuy qui le a réclamée le recongnoit, il donnera au seigneur deux soulz.

Et sy aucun nye debte pour avoir respit s'il en peult estre convaincu, il payera au seigneur deux soulz.

Et sy aucun de la debte ayt appellé les eschevins en ayde, et les eschevins l'en deffaillent, il paye deux soulz au seigneur et aux eschevins III deniers.

Des affors et pris que les eschevins mectent à la chervoise.

Les eschevins metteront pris à la chervoise.

Et sy le vendeur recroit le pris que les eschevins auront mis et il enfraint par aucune manière, il donnera au seigneur vingt soulz. Et sy ne polra vendre dedens an et jour, si n'est par le conseil des prévost et eschevins.

Et tous les vendeurs de venel, sy mestier est, peuvent prendre gaige plus le tierche part que ce que ilz croient et garderont lesdis gaiges quinze jours; et après lesdis jours polront leur debte impétrer à leur pouvoir sur ledit gaige. Et sy ne peuvent puis que ilz l'auront monstré aux prévost et eschevins, ilz le polront vendre sans fourfaict par tesmoingnaige. Et ce qui sera deseure la debte, ilz le doibvent rendre au debteur.

Et sy aucun vendeur choille (cache, cèle) son venel et il en soit convaincu, il payera cinq soulz s'il ne jure que il n'en ayt que ce qu'il en appertient pour luy et sa maisnie pour deux jours.

Si le bourgeois a maison de laquelle il ayt payé l'assize quy soit à luy propre, s'il demeure ailleurs, pour ce il ne payera plus que l'assize.

Quiconcques de le terre du seigneur tient IIII menchaudées ou plus, il doibt au seigneur six soulz. Et se il de celle meisme terre ayt acquise aucune chose ou par droict héritier luy soit escheu, pour ce plus n'en donra.

Des esteulles.

Les esteulles doibvent demourer sur la terre du seigneur enthièrement jusques à VIII jours devant la feste de Toussaincts.

Et quiconcques seroit trouvé en faulcant ou en cueillant ou emportant esteulle, il doibt au seigneur deux solz; et sy perdera l'esteulle et sy ne polra coeuiller celle année esteulle sans le congié du prévost et des eschevins.

Et sy aucun a maison ou grange à couvrir, il doibt venir devant le prévost et les eschevins et y luy enseigneront de l'esteulle à couvrir

Et quiconcques ahenne en le terre du seigneur d'un seul cheval, y luy appertient en quelconcque lieu qui volra en son ahennaige retenir l'esteulle de III mencaudées.

Et s'il ahenne de pluseurs chevaulx de plus y retenra à la valeur.

Et sy aucun tient de sa propre terre IIII menchaudées où il soit fourment d'une seule mencauldée, il peult retenir l'esteule et de plus de mencauldées au vaillant peult retenir, et, se plus en détient et il est convaincu, V sols paiera au seigneur.

Des boucheries.

Les maseliers le chair de porc que ilz tueront si comme mestier sera, il appareilleront de tout, et les entrailles ilz donneront pour quattre deniers;

Le bœuf ou le vache pour vingt deniers;

Le moulton pour deux deniers, et se ilz refusent ce à faire en cest ou dedens la ville, nul venel ilz ne venderont ny de leur office ilz ne s'entremecteront sans le congié du prévost et des eschevins.

Et quiconcques es castel de Crèvecoeur viendra pour demourer y loist à luy que il ly viengne s'il se peult deffendre de meurdre et de trahison, saulf le droict et les rentes du seigneur.

De la bourgeoisie.

Et sy ne peult nul bourgeois entreprendre la bourgeoisie de la ville s'il ne jure premiers à garder à son pooir la féaulté de la ville devant les eschevins.

De tencher ou dire mal.

Et sy femme tenche à femme ou à homme et elle en est convaincue, cincq sols doibt.

Pour édiffier sur les metz.

Se aucun en la ville devant dicte veuille manoir ou édiffier sur le metz d'aultruy, tel hostaige qui leur conviendra entre luy et le seigneur du meltz, y luy paiera par test d'eschevins et au seigneur de la ville donnera XII deniers.

Et sy peult le bourgeois sa maison ou son mesnaige vendre et muer et de partir de la ville quant il vouldra par telle condition que la maison demeure en la ville, et que il paie ce qu'il doibt et debvera en la ville, et le seigneur de ce vendaige n'auera nulle chose.

De l'ayde du seigneur.

Et sy le seigneur de la ville veult faire de son filz chevalier ou marier sa fille, ou, pour son rachapt ou pour sa terre de son

droict héritaige racheter sy veult et y ly plait, il peult demander aux hommes de la ville ayde. Et les bourgeois à la volonté
doibvent faire ayde.

Et sy guerre despourveument naist au seigneur, les bourgeois de leurs corps et de leurs carettes à leurs pooir doibvent
ayder que il détiengne sa terre et son honneur.

Par quy le bourgeois doict estre corrigé.

Et le bourgeois pour fourfaict qu'il fache peult estre aggrevé
en nulle manière en celle mesme ville du seigneur, ne d'aucun
de sa part sans jugement d'eschevins.

Et sy le prévost ou le sergeant du seigneur semont aucun, il
doibt venir à la justice, et s'il ne veult venir, le prévost ou le
sergeant du seigneur par tesmoin d'hommes et sans férir ou
lendengier, polra celuy amener à la justice et justicier par les
eschevins.

Et sy le bourgeois voit courtil wyt en la ville, y le doibt re-
quérir par hostaige à celuy à quy le courtil appertient; et sy ne
le veult donner en telle manière, ne audict courtil faire maison,
le prévost luy fera avoir saulf l'ostaige du bourgeois; et le seigneur recepvera son droict d'iceluy.

De l'affor du vin.

Les eschevins au vendaige du vin metteront pris.

Et sy aucun vent vin sans le conseil d'eschevins, au seigneur doibt XX soulz; et sy le vendera le droict mesure cam-
brisienne.

Des faulses mesures.

Si aucun a faulse mesure et il en soit convaincu par tesmoin
d'eschevins, il payera au seigneur LX soulz. Et sy le bourgeois
fait clain de chevalier ou d'aucun ou aucun homme de debte,
et les eschevins tesmoingnent le debte, le juge en sa présence
luy fera payer ou sinon y venra à le loy.

Et sy le bourgeois jure qu'il donne celle debte sans fourfaict
y le payera. Et sy ne le veult payer, par tierche main d'hommes et par serment il se deffendera de celle debte. Et ce es[t]
aussy dict du chevalier. Mais les hommes de poeste par le loy
des eschevins seront jugiés.

De congnoissance de debte après plaincte.

Et sy aucun se plainct de chevalier de debte, devant le juge doibvent venir.

Sy le chevalier congnoist la debte, dedens XV jours le doibt payer. Et sy ne le paye dedens ce terme, le juge sans délay peult prendre du chevalier et rendre au créancher.

Des dommages qui se font de jour et de nuict.

Si aucun dedens l'environnement de la ville faict dommaige à aucun de jour en courtil ou en pommiers que il puist preuver par loial tesmoinaige, se s'il qui s'en plainct vient à la justice, le seigneur en aura cincq soulz, et sera le dommaige restablis du malfaicteur ou bourgeois.

Et sy aucun est pris en fourfaict devant dict de nuict, de ce sera la volonté du seigneur sans mort et sans membre perdre.

Des bestes trouvées sans garde.

Sy aucune manière de beste soit en la ville quy ne ayt point de warde de pasteur, et elle soit trouvée en aucun dommaige de nuict, sy on n'a tesmoignaige que on les ayt cherciés, elles payeront doubles parc; et si on a tesmoignaige certain que on les a cherchié, on restablira le dommaige, et demouront les bestes quittes.

Et sy on les treuve de jour en dommaige, elles donront parc et restabliront le dommaige.

De violement de maison d'autruy et de femme.

Et sy aucun dedens l'environnement de la ville entre en aultruy maison par violence et ayt violé aucune femme par forche, si par loials tesmoins en ayt esté convaincus, le seigneur en fera sa volonté; et le volonté du seigneur accomply, le malfaicteur, sans le congié de le femme et de ses amys, ne peult demourer dedens la terre du seigneur.

De quesnes trouvées coppant ou traînant.

Sy le sergeant du seigneur treuve aucun quesne coppant, traînant, emportant ou encariant, et il monstre le lieu où il ayt esté coppé, s'il amaine loiaulx tesmoings, il donra au seigneur LX soulz, sy le quesne peult estre outre foré d'un foré encheré. Et sy le sergeant jure sans tesmoins qu'il soit ainsy, il donra XXX sols.

Et sy le quesne en telle manière ne peult estre parforé, il donra au seigneur X soulz.

Des amendes de bois.

De tout vert bois trouvé coppant, trainnant, portant et encariant, celuy ainsy faisant payera X soulz; de bois secq XII deniers.

Comment on doibt mettre ou desmettre eschevins.

Sy le bailly demande les eschevins, se aucun n'est profitable entre eulx en l'office d'eschevinaige ou aucun (sic), les Eschevins doibvent au prévost nommer deux d'eulx tant seulement qui seront à oster, et ceulx doibt oster le bailly; et autres deux par le conseil des cincq eschevins sur leur serment doibt restablir es lieux souffisans en ce meisme office.

De briser ou trencher arel d'aultruy.

Sy aucun brise ou trenche aultruy arel dont il puist estre convaincu, il sera en la volonté du seigneur et restablira le dommage.

Dedens le banlieu, mort pour mort, membre pour membre.

Comment le banlieu s'estend.

Le banlieu s'estend jusques au bois de Vaucelles et jusques à Rumilly et Masnières, et jusques à Serenvillers et jusques à Esne.

Sy aucuns des hommes dé mes villes esquelles ceste franchise n'est point, voeuille demeurer en mes chasteaulx esquelz cette franchise est establie, demourer ny peult sans mon congié.

Et diront les eschevins se ilz voient homme en le ville à qui le seigneur ayt donné mès aux us et coustumes de le ville, celuy ils aueront pour bourgeois.

Comment on reçoit bailly, prévost ou sergeant.

Les eschevins ne receveront en nulle manière bailly, prévost ou aucun sergeant du seigneur, s'il n'a juré premiers sur le tesmoignaige d'eschevins que de tout son pooir il wardera tous les droix du seigneur, pareillement les droix des bourgeois de la ville partout sans blecher.

Des brebis trouvées en dommaige de bois.

Le brebi trouvée en taillis de bois doit ung denier au seigneur.

Le cheval VI deniers.

La vache IIII deniers.

Sy aucun sergeant du seigneur ou ses hommes trouve aucun en fourfaict de bois du seigneur, y le peult appreuver par son serment et par l'aide d'aultruy. Et en telle manière il payera le fourfaict sy comme il est en le chartre noté. Et pour ce que nostre institution demeure ferme et non arrière mise, et que elle vaille par plus ferme forche en eage, cest présent escript nous advons garny de nostre scel sur le tesmoignaige de noz chevaliers et de nos francqz hommes, lesquelz nous fismes jurer cest escript à garder fermement et sans blecher. Sy furent par devant moy Jehan, seigneur d'Oisy et de Monmiral, castelain de Cambray, Gervais, nostre chapelain, Dieudonné, nostre clerq, Gérart, seigneur de Saint-Aubert, Bauduin de Valincourt, Bauduin d'Aubenceulx, Jacques de Marquion, Mahieu Creton, Guyfroit de Cathenières, Adam de Maisnières, Robert de Crèvecoeur, Huge de Revelon, Wautier Brusiers, Amoury de Gaisnair, Jehan de Crèvecoeur, Jehan Richouart, Wautier de Revelon.

LOI DE CLARY.

El non le Père et le Fil et le Sainte Esperite. Jou Nicholes, sires de Clari, fac savoir à tos ciaus ki cest escrit verunt et orunt que Jou, por le salut de manme et de mes ancisseurs, ai doneie et assise loi en Clari, me vile, à le requeste de mes homes de Clari. Et li lois si est tele : Quicunques tuera home u desmemberra dedens le tieroir de me segnerie de Clari, mort por mort, membre por membre, u en le volenté au segneur. Li sires ne puet celui ki meffais seroit, remetre en le vile s'ait on faite raisnable pais as amis; et li mordreres n'a point de merci. Se aucuns manans en le vile a wière à autre manant en le vile, li sires le doit faire asseurer dedens le franchise de le vile; et li sires doit faire prendre celui ki refuseroit l'asseurement à faire et saisir totes ses coses très qu'à tant qu'il ait fait asseurement bon et loial; et s'il est hors de le vile, on doit tenir ses coses très qu'à VIII jors; et, se il fait dedens les VIII jors loial asseurement, il ra totes ses coses quites; et s'il n'el fait dedens les VIII jors, totes ses coses sunt en le volenté au segneur s'il n'est hors de pais, porvec que il ne soit défuians por ceste cose. Tot forfait hors loi sunt en le volenté au segneur. Et se aucuns clainme cateus que eschevin doivent jugier, s'il est provés de faus claim, il doit V sols de cambrésiens au segneur d'amende. Et se aucuns noie dete u cateus, s'il est convencus, il doit V sols. Et se aucuns clainme iretage dont il soit convencus de faus claim, il doit XL sols de cambrésiens d'amende, et cil qui seroit convencus de faus [noi], il doit XL sols. Et se aucuns meffaisoit en le franchise le segneur, et cil cui on auroit meffait ne se voloit plaindre, li sires se poroit plaindre de cascun et lever l'amende de cascun, et faire tenir pais à cascun. Quicunques rescouroit pan u wage au serjant feutable le segneur u au miessier, LX sols il doit, et li serjans u li miessiers le doit prover par sen sairement. Et s'aucuns hom de le poeste trueve forfait sor le sien, prendre i puet et mener en le justice. [Et s'aucuns] li fait force, il est à XX sols par le sairement de celui cui on auroit fait le damage, et li renderoit le damage. Li sires puet mener ses hommes en ost et en cevau-

chie as wières et as tournois sans mauvaise okison. Se li sierjans u li miessiers prent hom u femme alant par faus sentier,
li estranges doit III deniers s'il ne prueve par sen sairement
qu'il ne savoit mie que li sentiers fust deffendus, et li hom de
le vile u li femme doit IIII deniers; et carete [carians parmi
autrui damage, V sols], et le damage rendre. Quicunques
ferroit le sierjant feutable le segneur sans ocire et sans affoler,
li forfais doubleroit as autres forfais s'il estoit convencus par
tiesmoignage, et se li sierjans n'avoit tiesmoignage se li sierjans
en fait sairement, il paie simple forfait sans doubler. Et [se] li
sires pooit savoir que li sierjans le fesist por autrui grever, il
seroit en le volenté le segneur. Et se cris lieve, tot doivent
aler au cri, et cil ki n'iroit cui li sierjans au segneur auroit
semons, X sols doit par le sairement le sierjeant. Et se bans
est fait par le segneur sor boulengiers, macecliers u sor autres
vendeurs de denreies, se aucuns [est proveis] de fausses denreies faire, il doit X sols. Et quicunques venderoit vin sans
aforer par eschevins, XL sols doit. Li maires au ségneur doit
semonre en plaine église VIII jors devant ceu que cascuns hom
[doive se rente, ke il l'ait paié tele rente com] il doit au ségneur
[au jor] qu'il le doivent, et cil qui ne paieroit au jor il doit II
sols de forfait. Et nuls des homes au ségneur ne peut aquerre
en le franchise au ségneur que un mes [ce n'est pas la volenté
au segneur. Se li sierjans au] ségneur treuve caisne [coupant
u portant] à col u à [carete] del bos au ségneur, se li sierjans
en a tiesmoignage, cil est à XXX sols de forfait; s'on puet forer
le caisne d'un tarère [urcerec et se li sierjans juroit sans tiesmoignage qu'en si fust, cil doit XV sols de tout] vert bos, V
sols del fais sans à carete, de sech bos VI deniers del fais. Li
vache u li chevaus trovés par jor en bos au segneur u en [blef
u en damage d'autrui à warde faite, doit XII deniers] et li
vache forscorue u li chevaus, [son le trueve], en forfait, VI deniers doit. Au fouc de berbis forscouru en bos au ségneur u en
damage d'autrui, XII deniers. Et si le fouc de berbis est trové
[en damage] à warde faite, cascune berbis doit 1 deniers; li
porciaus II deniers, li fous d'aees IIII deniers. Se li fous des
berbis, u vache, u cevaus, u porciaus [nuitrante desmane-
vées] est trovés en forfait, se cil cui il est a tiesmoignage
qu'il [l'ait le nuit] demandé par sen sairement, s'en passe, se

li sires le violt prendre; et s'il n'en a tiesmoignage, il en doit
X sols; et cascuns de ciaus ki bieste i auroit, X sols; cil ki
porciel i auroit V sols et li renderoit le damage. Le sorhoste
doit le coroveies et le frai... [s'il maint en cief de maison]. Cascuns hom qui manoir tient entier doit IIII coroveies l'an. Li
manovriers doit VI deniers por le coroveie, s'il ne le paie
quant il en iert semons et se li sires les violt prendre. Cil ki a
un cheval doit II sols par le coroveie; et sil a II chevaus III
sols et sil en a III l'en paie IIII sols; et sil en a IIII, plus n'en
paie; et li sires prent les coroveies u les deniers sil violt. Se
li manouvriers est semons à le coroveie, sil n'i va, XII deniers
doit del forfait et cil as chevaus II sols. Les coroveies des manovriers prent li sires une en march, une à gaskière, une en
wain et une entre fieste Saint Andriu et le Noël; des chevaus
une en march, une à gaskière, une en aoust et une entre fieste
Saint Andriu et le Noël. Li sires puet prendre si com il suit les
keutes en se tiere, et li maires doit faire sairement qu'il les
prendera loiaument [et commencera à] un des corons de le
vile et prendra tot à faiz sans espargnier; et se li hom u li
femme [piert se keute] à cort, li sires li doit rendre. Quicunques desmentira autrui par ire, V sols doit s'il en est convencus
[par tiesmoignage u il le conoist]. Quicunques apielera femme
putain, V sols doit. Quicunques ferra femme qui n'est en se
mainburnie, XX sols doit. Quicunques donne [kenée] autrui
ki n'est en se mainburnie, XX sols doit. Qui fiert de piet u de
poing sans faire sanc, X sols doit, et se sanc i a, XL sols. Qui
fiert de baston sans faire sanc et sans afoler, XL sols doit, et
s'il fait sanc, LX sols et I denier. Quicunques [trait coutelà
pointe] sor autrui sans férir, XL sols doit; s'il en fiert sans
ocire et sans afoler, X libvres, et autel s'il fiert de hace u il
trait d'arch. Qui trait sor autrui espéie sans férir, XX sols doit;
et s'il en fiert, [C sols et de toute autre arme molue C sols et]
rendre au navré damages raisnables. Quicunques de X ans u
de plus seroit per jor trovés damage [faisant] en cortil u en
gardin, II sols, en [nuitante] V sols. Quicunques [fiert autrui
en se maison, XL sols]. Quicunques assauroit autrui en se
maison por faire mal sans entrer ens, C sols doit, et cascun
[de ses aidans, XL sols. Et cascuns que ens entreroit, X livres.
Se aucuns estraignes homs fait aucun de ces forfais nommés

en le tière le segneur u en le justice], tenir li doit on très qu'atant qu'il done pleges d'amender [par le loi des forfais que eschievin doivent jugier. Et se aucuns est apiélés d'autrui dont il ait tesmoignage por détenir aucun malfaiteur], privé u estrange, et cil refuse à aidier, XL sols doit; et se cil ki demande aide n'a tiesmoignage cil s'en passe par sen sairement. [Se li sierjans] au segneur [treuve nuitrante karete kariant bos dont on n'ait] bon warant, [li karete] et li cheval demeurent à le volenté au segneur. Et li sires ne peut faire ban sor nul venel se par les eschiévins [non]. Et se aucuns [forfais] avenoit ki ne soit [nommés en ceste chartre], li eschiévins le doit jugier as us et as costumes des forfais qui devant sunt dit en le chartre; et, s'il n'en est sages, il en doit aler ou sens de Cambrai. Li [manage des......., des tieres, des maisons...... qu'elles ont esté dusques à ores et tot li denier ki sunt nommé en ceste chartre sunt cambrésien u monoie au vaillant. Ces coses sunt ordeneies et faites pour durer perpétuelment sans les plais des cateus, des iretages et des escaances et sans lés bans de tos veneus, et sans les drois le maieur et les eschiévins. Ceste loi, entirement ensi com ele est devisée en ceste chartre, jou Nicholes, sires de Clari, l'ai créanteie à tenir, et veuil quele soit tenúe perpétuelment bien et loiaument. Et por ce que ce soit fèrme cose et estable parmenaulement, jou ai ceste charte saeleie de mon saiel. Ce fu fait en l'Incarnacion Nostre-Segneur M. CC et quarante ans.

(Archives du Nord, série E. Liasse 14 du fonds Delattre. Communes).

www.ingramcontent.com/pod-product-compliance
Lightning Source LLC
Chambersburg PA
CBHW051235030726
47595CB00003B/925

BIN TRAVELER FORM

Cut By: _Daniel Gomez_ #6 Qty _108_ Date _8/3/24_

Scanned By: _______________ Qty_______ Date __________

Scanned Batch ID's

______________ ______________ ______________

Notes / Exceptions

____